# 머리말

三人行, 必有我师。
세 사람이 길을 가면, 그 가운데 반드시 나의 스승이 있다. -『논어』

입이 트이는 중국어 1~3권에서 중국어의 발음과 기본 문형을 익혔다면, 4권부터는 일상생활에서 유용하게 활용할 수 있는 다양한 회화를 상황별로 정리했습니다. 중국어를 반복 연습하기 전에 대화의 전체적인 상황을 숙지하는 것도 중국어를 익히는 데 아주 큰 도움이 됩니다. 각 과에 나오는 상황을 꼭 숙지하시기 바랍니다. 그리고 4~6권을 학습하기 이전에 가장 효율적인 중국어 학습법을 소개하고자 합니다.

얼마 전 초등학생 중국어 캠프에서 아이들과 함께 중국어를 공부했는데요, 아이들과 함께 1박 2일을 지내면서 제가 얻은 것이 두 가지 있습니다. 그중 한 가지는 초등학교 1학년 학생들에게는 놀면서 공부하는 것이 가장 효율적인 중국어 학습법이라는 것입니다. 마치 입이 트이는 중국어가 추구하는 바와 같이 '외우지 말고 즐겁게 배우자'라는 것이죠. 나머지 한 가지는 캠프에서 만난 어린 꼬마 아이의 이야기인데요. 아직도 그 여운이 쉽게 가시지 않고 있습니다.

놀랍게도 그 아이는 첫날 배운 중국어를 이튿날 전부 기억하고 있었습니다.

"우리 친구는 어제 배운 것을 어떻게 벌써 다 외웠어요?"

"밥 먹기 전에 한 번 읽고요, 밥 먹고 나서 한 번 더 읽었어요. 화장실 가기 전에 한 번 읽고요, 화장실 다녀와서 한 번 읽고요. TV 보기 전에 한 번 읽고, 잠자기 전에 한 번 읽고…"

천천히, 또박또박 말하는 작은 꼬마 아이의 말이 무엇인지 금방 알았지만, 저는 끝까지 경청했습니다. 그 아이의 대답은 중국어 학습은 물론, 중국어를 어떻게 교육해야 하는지 그 방법을 제시해 주었기 때문입니다.

부족한 점이 많은 교재이지만, 이 책이 여러분들의 중국어 학습에 조금이라도 도움이 되길 바랍니다. 그리고 다시 한 번 이 책이 나오기까지 많은 도움을 주신 분들께 감사를 표합니다.

홍상욱 올림

# 목차

**DAY 1** 인터넷에서 찾으면 안 되나요? ......... 07

**DAY 2** 생일 축하해! ......... 17

**DAY 3** 지난주엔 바빠서 못 갔어요 ......... 27

**DAY 4** 아무것도 하고 싶지 않아 ......... 37

**DAY 5** 조금 비싼 것도 괜찮아? ......... 47

**DAY 6** 마음대로 하나 골라 봐 ......... 57

**DAY 7** 오늘 또 지각하겠어요 ......... 67

**DAY 8** 조금 일찍 출발해야겠어 ......... 77

**DAY 9** 키 작은 게 어때서? ......... 87

**DAY 10** 차 막힐까 봐 걱정되지 않아? ......... 97

**DAY 11** 이게 너희 집 가족사진이야? ·············· 107

**DAY 12** 오늘 바깥 공기는 어때? ·············· 117

**DAY 13** 유산소 운동이 몸에 좋지 ·············· 127

**DAY 14** 사람을 잘못 보신 것 같습니다 ·············· 137

**DAY 15** 오늘 저녁은 제가 살게요 ·············· 147

**DAY 16** 일요일에는 계속 재방송만 해요 ·············· 157

**DAY 17** 추석 잘 보내! ·············· 167

**DAY 18** 난 걔한테 불만이 많아 ·············· 177

**DAY 19** 리모컨 드릴게요 ·············· 187

**DAY 20** 우리 샤브샤브 먹으러 가요 ·············· 197

## * 입이 트이는 중국어 6권

본 교재에서는 입트중 1~5권에서 배운 핵심 내용을 다시 확인하고, 이를 응용한 다양한 문장을 학습합니다. 여러분의 어휘력과 표현력뿐만 아니라 응용력도 향상시킬 수 있을 것입니다.

### ☑ 학습 범위

- **DAY 01** 입트중 1권 DAY01~DAY05
- **DAY 02** 입트중 2권 DAY01~DAY05
- **DAY 03** 입트중 3권 DAY01~DAY05
- **DAY 04** 입트중 4권 DAY01~DAY05
- **DAY 05** 입트중 5권 DAY01~DAY05
- **DAY 06** 입트중 1권 DAY06~DAY10
- **DAY 07** 입트중 2권 DAY06~DAY10
- **DAY 08** 입트중 3권 DAY06~DAY10
- **DAY 09** 입트중 4권 DAY06~DAY10
- **DAY 10** 입트중 5권 DAY06~DAY10

- **DAY 11** 입트중 1권 DAY11~DAY15
- **DAY 12** 입트중 2권 DAY11~DAY15
- **DAY 13** 입트중 3권 DAY11~DAY15
- **DAY 14** 입트중 4권 DAY11~DAY15
- **DAY 15** 입트중 5권 DAY11~DAY15
- **DAY 16** 입트중 1권 DAY16~DAY20
- **DAY 17** 입트중 2권 DAY16~DAY20
- **DAY 18** 입트중 3권 DAY16~DAY20
- **DAY 19** 입트중 4권 DAY16~DAY20
- **DAY 20** 입트중 5권 DAY16~DAY20

# DAY 01

인터넷에서
찾으면 안 되나요?

입이 트이는 중국어 ❶ DAY01~DAY05 요약 및 활용

# 你过来还是我过去呢?
### 네가 올래 아니면 내가 갈까?

## 1단계: 해석

네가 올래 아니면 내가 갈까?

네가 오는 게 좋겠어, 마침 내가 일이 생겼거든.

넌 항상 바쁘구나.

회사에서 갑자기 내일 아침에 중국에 출장을 가래.

이번에는 어디로 가는데?

광저우에 가게 됐어.

## 2단계: 병음

Nǐ guòlái háishi wǒ guòqù ne?

Háishi nǐ guòlái ba,
wǒ zhèr zhèng yǒushì.

Nǐ zǒngshì hěn máng.

Gōngsī tūrán jiào wǒ míngtiān zǎoshang qù Zhōngguó chūchāi.

Zhè cì qù nǎr?

Qù Guǎngzhōu.

MP3를 들으며 3번 반복하세요. 🎧 6-1-1.mp3

1회 ◯  2회 ◯  3회 ◯

## 3단계: 한자

你过来还是我过去呢?

还是你过来吧,
我这儿正有事。

你总是很忙。

公司突然叫我明天早上
去中国出差。

这次去哪儿?

去广州。

## 단어

**过来** guòlái
오다, 지나오다

**过去** guòqù
가다, 지나가다

**正** zhèng
마침

**忙** máng
바쁘다

**突然** tūrán
갑자기

**出差** chūchāi
출장, 출장을 가다

# 我喜欢吃辣的
## 저는 매운 걸 좋아해요

### 1단계: 해석

어떤 요리를 좋아해요?

저는 매운 걸 좋아해요. 당신은요?

저는 단 걸 좋아해요.
차 마시는 것도 좋아하시나요?

그런대로 괜찮아요.

이 고정차를 한 번 드셔 보세요.

쓰지 않아요?

### 2단계: 병음

Nǐ xǐhuan chī shénme cài?

Wǒ xǐhuan chī là de. Nǐ ne?

Wǒ xǐhuan chī tián de.
Nǐ hái xǐhuan hē chá ma?

Hái kěyǐ.

Nǐ chángchang zhège kǔdīngchá.

Shì bu shì hěn kǔ?

MP3를 들으며 3번 반복하세요.  6-1-2.mp3

1회 ○  2회 ○  3회 ○

### 3단계: 한자

你喜欢吃什么菜?

我喜欢吃辣的。你呢?

我喜欢吃甜的。
你还喜欢喝茶吗?

还可以。

你尝尝这个苦丁茶。

是不是很苦?

### 단어

菜 cài
요리, 반찬

辣 là
맵다

甜 tián
달다

还可以 hái kěyǐ
그런대로 괜찮다

尝 cháng
맛보다

苦 kǔ
쓰다

# 有什么好看的, 没意思
볼만한 것도 없고, 재미없어

## 1단계: 해석

TV 안 봐?

볼만한 것도 없고, 재미없어.

곧 대만 드라마 하는데!

나는 라디오 프로그램을 들어야겠어.

어떤 프로그램을 듣고 싶은데?

교육방송의 중급 중국어 프로그램.

## 2단계: 병음

Nǐ bú kàn diànshì ma?

Yǒu shénme hǎokàn de, méi yìsi.

Yíhuìr yǒu táijù ne!

Wǒ yào tīng guǎngbō jiémù.

Nǐ xiǎng tīng shénme jiémù?

Jiàoyùtái de zhōngjí Hànyǔ jiémù.

MP3를 들으며 3번 반복하세요. 🎧 6-1-3.mp3

1회 ○  2회 ○  3회 ○

### 3단계: 한자

你不看电视吗?

---

有什么好看的, 没意思。

---

一会儿有台剧呢!

---

我要听广播节目。

---

你想听什么节目?

---

教育台的中级汉语节目。

### 단어

**好看** hǎokàn
볼만하다

**没意思** méi yìsi
재미없다

**一会儿** yíhuìr
곧, 이따가

**台剧** táijù
대만 드라마

**广播节目** guǎngbō jiémù
라디오 프로그램

**教育台** Jiàoyùtái
교육방송

# 网上查不行吗?
인터넷에서 찾으면 안 되나요?

**1단계: 해석**

중국어 할 줄 알아요?

조금 할 줄 알아요.

중국어 배우는 데 꼭 사전을 사야 하나요?

한 권 사 놓으면 당연히 좋죠.

인터넷에서 찾으면 안 되나요?

제가 보기에는 사전으로 찾는 게 더 좋아요.

**2단계: 병음**

Nǐ huì shuō Hànyǔ ma?

Huì shuō yìdiǎnr.

Xué Hànyǔ yídìng yào mǎi cídiǎn ma?

Mǎi yì běn dāngrán hǎo a.

Wǎngshàng chá bù xíng ma?

Wǒ kàn háishi chá cídiǎn gèng hǎo.

MP3를 들으며 3번 반복하세요.  6-1-4.mp3

1회 ◯   2회 ◯   3회 ◯

## 3단계: 한자

你会说汉语吗?

---

会说一点儿。

---

学汉语一定要买词典吗?

---

买一本当然好啊。

---

网上查不行吗?

---

我看还是查词典更好。

## 단어

**一点儿** yìdiǎnr
조금, 약간

**词典** cídiǎn
사전

**本** běn
권

**网上** wǎngshàng
온라인, 인터넷

**查** chá
찾아보다

**还是** háishi
~하는 편이 좋다

## 복습하기

🗣️ 우리말을 보고 중국어로 말해 봅시다.

1. 네가 올래 아니면 내가 갈까?

2. 저는 매운 걸 좋아해요.

3. 볼만한 것도 없고, 재미없어.

4. 인터넷에서 찾으면 안 되나요?

🗣️ 병음과 한자를 보고 우리말로 말해 봅시다.

1. Nǐ guòlái háishi wǒ guòqù ne? 你过来还是我过去呢?

2. Wǒ xǐhuan chī là de. 我喜欢吃辣的。

3. Yǒu shénme hǎokàn de, méi yìsi. 有什么好看的, 没意思。

4. Wǎngshàng chá bù xíng ma? 网上查不行吗?

# DAY 02

## 생일 축하해!

**학습범위**: 입이 트이는 중국어 ❷ DAY01~DAY05 요약 및 활용

# 祝你生日快乐!
### 생일 축하해!

## 1단계: 해석

이건 뭐야?

---

이건 아빠가 사 주신 핸드백이야.

---

예쁘다. 저건 뭐야?

---

저건 내가 너 주려고 산 생일 선물이야.

---

정말? 나 주려고 산 거야?

---

생일 축하해!

## 2단계: 병음

Zhè shì shénme?

---

Zhè shì bàba gěi wǒ mǎi de shǒutíbāo.

---

Hěn hǎokàn. Nà shì shénme?

---

Nà shì wǒ gěi nǐ mǎi de shēngrì lǐwù.

---

Zhēn de ma? Nǐ gěi wǒ mǎi de?

---

Zhù nǐ shēngrì kuàilè!

MP3를 들으며 3번 반복하세요. 6-2-1.mp3

1회 ◯　2회 ◯　3회 ◯

## 3단계: 한자

这是什么?

--------

这是爸爸给我买的手提包。

--------

很好看。那是什么?

--------

那是我给你买的生日礼物。

--------

真的吗? 你给我买的?

--------

祝你生日快乐!

## 단어

**给** gěi
~에게 ~을 주다

**买** mǎi
사다

**手提包** shǒutíbāo
핸드백

**礼物** lǐwù
선물

**祝** zhù
기원하다

**快乐** kuàilè
즐겁다, 행복하다

DAY 2 생일 축하해! | 19

# 我马上到
### 나 곧 도착해

---

**1단계: 해석**

우리 집은 그다지 크지 않아.

그래도 괜찮지. 어차피 혼자 살잖아.

걔는 안 와?
너랑 같이 오는 줄 알았는데.

내가 걔한테 전화해 볼게.

"어디야?"

"나 곧 도착해."

---

**2단계: 병음**

Wǒ jiā bú tài dà.

Hái hǎo a,
nǐ bú shì yí ge rén zhù ma.

Tā bù lái ma?
Wǒ yǐwéi tā gēn nǐ yìqǐ lái ne.

Wǒ gěi tā dǎ diànhuà ba.

"Nǐ zài nǎr?"

"Wǒ mǎshàng dào."

MP3를 들으며 3번 반복하세요. 🎧 6-2-2.mp3

1회 ○  2회 ○  3회 ○

## 3단계: 한자

我家不太大。

---

还好啊，你不是一个人住嘛。

---

她不来吗?
我以为她跟你一起来呢。

---

我给她打电话吧。

---

"你在哪儿?"

---

"我马上到。"

## 단어

**不太** bú tài
별로, 그다지 ~지 않다

**还好** hái hǎo
그럭저럭 괜찮다

**住** zhù
머물다, 거주하다

**嘛** ma
서술문 뒤에 쓰여 당연함을 나타냄

**以为** yǐwéi
여기다, 생각하다

**马上** mǎshàng
바로, 즉시

# 好羡慕, 我是独生子

정말 부러워요, 저는 외동이에요

## 1단계: 해석

형제자매가 있나요?

언니 한 명과 여동생 한 명이 있어요.

정말 부러워요, 저는 외동이에요.

이 근처에 편의점 있어요?

있어요, 저쪽에요.

고마워요!

## 2단계: 병음

Nǐ yǒu xiōngdì jiěmèi ma?

Wǒ yǒu yí ge jiějie hé yí ge mèimei.

Hǎo xiànmù, wǒ shì dúshēngzǐ.

Zhè fùjìn yǒu biànlìdiàn ma?

Yǒu, zài nàbiān.

Xièxie nǐ!

MP3를 들으며 3번 반복하세요.  6-2-3.mp3

1회 ○   2회 ○   3회 ○

## 3단계: 한자

你有兄弟姐妹吗？

---

我有一个姐姐和一个妹妹。

---

好羡慕，我是独生子。

---

这附近有便利店吗？

---

有，在那边。

---

谢谢你！

## 단어

**兄弟姐妹** xiōngdì jiěmèi
형제자매

**好** hǎo
형용사나 동사 앞에 쓰여 정도가 심함을 나타냄

**羡慕** xiànmù
부러워하다

**独生子** dúshēngzǐ
독자, 외아들

**附近** fùjìn
부근, 근처

**便利店** biànlìdiàn
편의점

# 还有点时间, 咱们再转转吧
### 아직 시간이 좀 있으니 우리 좀 더 둘러봐요

## 1단계: 해석

몇 시 기차예요?

10시 40분이요.

지금 몇 시예요?

9시 35분이요.

아직 시간이 좀 있으니 우리 좀 더 둘러봐요.

아무래도 지금 기차역으로 가는 게 좋겠는데요.

## 2단계: 병음

Jǐ diǎn de huǒchē?

Shí diǎn sìshí.

Xiànzài jǐ diǎn?

Jiǔ diǎn sānshíwǔ.

Hái yǒu diǎn shíjiān, zánmen zài zhuànzhuan ba.

Wǒ juéde háishi xiànzài jiù qù huǒchēzhàn bǐjiào hǎo.

## 3단계: 한자

几点的火车?

十点四十。

现在几点?

九点三十五。

还有点时间, 咱们再转转吧。

我觉得还是现在就去火车站比较好。

## 단어

**火车** huǒchē
기차

**还** hái
아직

**转** zhuàn
다니다, 둘러보다

**觉得** juéde
~라고 느끼다, 생각하다

**比较** bǐjiào
비교적

**火车站** huǒchēzhàn
기차역

## 복습하기

🔊 **우리말을 보고 중국어로 말해 봅시다.**

1. 생일 축하해!

2. 나 곧 도착해.

3. 정말 부러워요, 저는 외동이에요.

4. 아직 시간이 좀 있으니 우리 좀 더 둘러봐요.

🔊 **병음과 한자를 보고 우리말로 말해 봅시다.**

1. Zhù nǐ shēngrì kuàilè! 祝你生日快乐!

2. Wǒ mǎshàng dào. 我马上到。

3. Hǎo xiànmù, wǒ shì dúshēngzǐ. 好羡慕, 我是独生子。

4. Hái yǒu diǎn shíjiān, zánmen zài zhuànzhuan ba. 还有点时间, 咱们再转转吧。

# DAY 03

## 지난주엔 바빠서 못 갔어요

**학습범위** 입이 트이는 중국어 ❸ DAY01~DAY05 요약 및 활용

# 大的不一定都好
## 크다고 다 좋은 건 아니에요

### 1단계: 해석

큰 거 할래요 아니면 작은 거 할래요?

큰 거요.
저는 크면 클수록 좋다고 생각해요.

크다고 다 좋은 건 아니에요.
들기에 불편하니까요.

당신 말도 맞아요.

큰 걸로 할지 작은 걸로 할지 우리 다시 생각해 봐요.

좋아요.

### 2단계: 병음

Nǐ yào dà de háishi xiǎo de?

Dà de, wǒ juéde yuè dà yuè hǎo.

Dà de bù yídìng dōu hǎo, názhe bù fāngbiàn.

Nǐ shuō de yě duì.

Xuǎn dà de háishi xiǎo de, zánmen zài kǎolǜ yíxià ba.

Hǎo ba.

## 3단계: 한자

你要大的还是小的？

大的, 我觉得越大越好。

大的不一定都好,
拿着不方便。

你说的也对。

选大的还是小的,
咱们再考虑一下吧。

好吧。

## 단어

**还是** háishi
아니면, 또는

**越…越…** yuè…yuè…
~할수록 ~하다

**不一定** bù yídìng
반드시 ~한 것은 아니다

**拿** ná
쥐다, 가지다

**方便** fāngbiàn
편리하다

**选** xuǎn
고르다

# 你知道我从来不看小说的
## 나 소설은 절대 안 보는 거 알면서

### 1단계: 해석

뭐 봐? 완전 푹 빠져 있네!

소설 보고 있어.

재미있어?

진짜 재미있어, 다 보고 빌려줄게.

나 소설은 절대 안 보는 거 알면서.

이 책은 너도 분명 좋아할 거야.

### 2단계: 병음

Nǐ kàn shénme ne?
Kàn de zhème rùmí!

Kàn xiǎoshuō ne.

Hǎokàn ma?

Tèbié hǎokàn, děng wǒ kànwán le, jiè gěi nǐ kàn.

Nǐ zhīdào wǒ cónglái bú kàn xiǎoshuō de.

Zhè běn, wǒ bǎozhèng nǐ yídìng huì xǐhuan de.

MP3를 들으며 3번 반복하세요.  6-3-2.mp3

1회 ◯　2회 ◯　3회 ◯

## 3단계: 한자

你看什么呢？看得这么入迷!

---

看小说呢。

---

好看吗？

---

特别好看，等我看完了，借给你看。

---

你知道我从来不看小说的。

---

这本，我保证你一定会喜欢的。

## 단어

**这么** zhème
이렇게

**入迷** rùmí
푹 빠지다, 정신이 팔리다

**特别** tèbié
아주, 각별히

**借** jiè
빌리다

**从来** cónglái
이제까지

**保证** bǎozhèng
보증하다, 확실히 책임지다

# 上星期太忙, 没去成
### 지난주엔 너무 바빠서 못 갔어요

## 1단계: 해석

지난주에 항저우에 갔던 거, 맞죠?

지난주엔 너무 바빠서 못 갔어요.

그건 왜 물어보세요?

다음 달에 항저우로 놀러 갈 거 같아요.

항저우에 대해 알고 싶어서요.

다음 달은 4월이니, 항저우의 날씨가 가장 좋을 때네요.

## 2단계: 병음

Nǐ shàng xīngqī qù Hángzhōu le, shì ba?

Shàng xīngqī tài máng, méi qùchéng.

Wèn zhège gàn shénme?

Wǒ xià ge yuè kěnéng huì qù Hángzhōu wánr.

Wǒ xiǎng liǎojiě liǎojiě Hángzhōu.

Xià ge yuè shì sì yuè, shì Hángzhōu tiānqì zuì hǎo de shíhou.

MP3를 들으며 3번 반복하세요.  6-3-3.mp3

1회 ○　2회 ○　3회 ○

## 3단계: 한자

你上星期去杭州了, 是吧?

上星期太忙, 没去成。

问这个干什么?

我下个月可能会去杭州玩儿。

我想了解了解杭州。

下个月是四月,
是杭州天气最好的时候。

## 단어

**上星期** shàng xīngqī
지난 주

**忙** máng
바쁘다

**问** wèn
묻다

**可能** kěnéng
아마, 어쩌면

**了解** liǎojiě
알아보다

**天气** tiānqì
날씨

# 你去过中国的哪些地方?
### 너 중국 어디 가 봤어?

## 1단계: 해석

어이, 밥 먹었어?

먹었지. 무슨 일이야?

너한테 물어볼 일이 있어서.

말해 봐.

너 중국 어디 가 봤어?

여러 군데 가 봤지.

## 2단계: 병음

Hēi, chī le ma?

Chī le. Nǐ zhǎo wǒ yǒu shì ma?

Wǒ yǒu yí ge shìqing xiǎng wènwen nǐ.

Nǐ shuō.

Nǐ qùguo Zhōngguó de nǎxiē dìfang?

Qùguo hǎojǐ ge dìfang ne.

MP3를 들으며 3번 반복하세요. 🎧 6-3-4.mp3

1회 ○  2회 ○  3회 ○

### 3단계: 한자

嘿, 吃了吗?

---

吃了。你找我有事吗?

---

我有一个事情想问问你。

---

你说。

---

你去过中国的哪些地方?

---

去过好几个地方呢。

### 단어

**嘿** hēi
어이, 이봐

**找** zhǎo
찾다

**问** wèn
묻다

**哪** nǎ
어느

**地方** dìfang
곳, 장소

**好几** hǎojǐ
여러, 몇

DAY 3 지난주엔 바빠서 못 갔어요 | 35

## 🗣 우리말을 보고 중국어로 말해 봅시다.

1. 크다고 다 좋은 건 아니에요.

2. 나 소설은 절대 안 보는 거 알면서.

3. 지난주엔 너무 바빠서 못 갔어요.

4. 너 중국 어디 가 봤어?

## 🗣 병음과 한자를 보고 우리말로 말해 봅시다.

1. Dà de bù yídìng dōu hǎo. 大的不一定都好。

2. Nǐ zhīdào wǒ cónglái bú kàn xiǎoshuō de. 你知道我从来不看小说的。

3. Shàng xīngqī tài máng, méi qùchéng. 上星期太忙, 没去成。

4. Nǐ qùguo Zhōngguó de nǎxiē dìfang? 你去过中国的哪些地方?

# DAY 04

## 아무것도 하고 싶지 않아

입이 트이는 중국어 ❹ DAY01~DAY05 요약 및 활용  학습범위

# 什么都不想干
### 아무것도 하고 싶지 않아

---

**1단계: 해석**

내일 쉬는데 뭐 하고 싶어?

아무것도 하고 싶지 않아.

그냥 집에 있으려고?

응, 집에서 쉬려고. 너는?

교외로 나가고 싶은데,
우리 같이 가자.

안 갈래.

---

**2단계: 병음**

Míngtiān fàngjià,
nǐ xiǎng gàn shénme?

Shénme dōu bù xiǎng gàn.

Jiù zài jiāli ma?

Duì, wǒ yào zài jiā xiūxi. Nǐ ne?

Wǒ xiǎng qù jiāowài zhuànzhuan,
zánmen yìqǐ qù ba.

Bú qù.

## 3단계: 한자

明天放假,你想干什么?

---

什么都不想干。

---

就在家里吗?

---

对,我要在家休息。你呢?

---

我想去郊外转转,
咱们一起去吧。

---

不去。

## 단어

**放假** fàngjià
쉬다, 방학하다

**干什么** gàn shénme
무엇을 하는가?

**休息** xiūxi
쉬다

**郊外** jiāowài
교외

**转** zhuàn
한가하게 돌아다니다

**咱们** zánmen
우리

# 你会开车吗?
### 운전할 줄 아세요?

**1단계: 해석**

운전할 줄 아세요?

저 운전할 줄 아는데,
지금은 운전을 할 수가 없어요.

왜요?

왜냐하면 술을 마셨거든요.

겨우 한 잔밖에 안 마셨잖아요,
그래도 안 돼요?

당연하죠, 운전하려면 술을 마시지
말고, 술을 마시려면 운전을 하지
말아야죠.

**2단계: 병음**

Nǐ huì kāichē ma?

Wǒ huì kāichē,
kěshì xiànzài bù néng kāichē.

Wèi shénme?

Yīnwèi wǒ hē jiǔ le.

Nǐ jiù hēle yì bēi a,
nà yě bù xíng ma?

Dāngrán le, kāichē bù hē jiǔ,
hē jiǔ bù kāichē ma.

MP3를 들으며 3번 반복하세요.  6-4-2.mp3

1회 ○  2회 ○  3회 ○

## 3단계: 한자

你会开车吗?

我会开车,
可是现在不能开车。

为什么?

因为我喝酒了。

你就喝了一杯啊, 那也不行吗?

当然了, 开车不喝酒,
喝酒不开车嘛。

## 단어

**开车** kāichē
운전하다

**能** néng
~할 수 있다

**因为** yīnwèi
왜냐하면

**杯** bēi
잔, 컵

**行** xíng
~해도 좋다

**当然** dāngrán
당연하다, 물론이다

# 我尽快赶回来
### 최대한 빨리 올게요

## 1단계: 해석

여섯 시까지 돌아올 수 있나요?

아마 돌아오지 못할 거예요.

그럼 일곱 시는요?

아마 괜찮을 거예요.

그럼 일곱 시에 여기서 봐요.

네, 최대한 빨리 올게요.

## 2단계: 병음

Liù diǎn néng huílái ma?

Kěnéng huí bu lái.

Nà qī diǎn ne?

Yīnggāi méi wèntí.

Nà zánmen qī diǎn zài zhèr jiànmiàn.

Hǎo de, wǒ jǐnkuài gǎn huílái.

## 3단계: 한자

六点能回来吗?

可能回不来。

那七点呢?

应该没问题。

那咱们七点在这儿见面。

好的, 我尽快赶回来。

## 단어

**回不来** huí bu lái
돌아올 수 없다

**应该** yīnggāi
아마도
확신에 가까운 의미로

**没问题** méi wèntí
문제 없다

**见面** jiànmiàn
만나다

**尽快** jǐnkuài
되도록 빨리

**赶** gǎn
서두르다, 재촉하다

# 您做的菜又好吃又好看

당신이 만든 요리는 맛도 좋고 보기에도 좋아요

## 1단계: 해석

어때요? 맛있어요?

당신이 만든 요리는 맛도 좋고 보기에도 좋아요.

칭찬 고마워요.
사양하지 말고 많이 드세요.

이건 무슨 요리인가요?

이건 위샹러우쓰예요.

새콤달콤하면서도 매콤한 게 정말 맛있네요!

## 2단계: 병음

Zěnmeyàng? Hǎo bu hǎochī?

Nín zuò de cài yòu hǎochī yòu hǎokàn.

Xièxie kuājiǎng, duō chī diǎnr, bié kèqi a.

Zhège cài jiào shénme?

Zhè shì yúxiāngròusī.

Yòu suān yòu tián yòu là, zhēn hǎochī a!

MP3를 들으며 3번 반복하세요.  6-4-4.mp3

1회 ◯ 2회 ◯ 3회 ◯

## 3단계: 한자

怎么样？好不好吃？

您做的菜又好吃又好看。

谢谢夸奖，多吃点儿，别客气啊。

这个菜叫什么？

这是鱼香肉丝。

又酸又甜又辣，真好吃啊！

## 단어

**又…又…** yòu…yòu…
~하기도 하고 ~하기도 하다

**夸奖** kuājiǎng
칭찬하다

**多…点儿** duō…diǎnr
좀 더 ~하세요

**酸** suān
시다

**甜** tián
달다

**辣** là
맵다

**鱼香肉丝** yúxiāngròusī
워샹러우쓰, 어향육사
돼지고기를 실처럼 가늘게 썰어 볶아 낸 요리

DAY 4 아무것도 하고 싶지 않아 | 45

🔊 **우리말을 보고 중국어로 말해 봅시다.**

1. 아무것도 하고 싶지 않아.

2. 운전할 줄 아세요?

3. 최대한 빨리 올게요.

4. 당신이 만든 요리는 맛도 좋고 보기에도 좋아요.

🔊 **병음과 한자를 보고 우리말로 말해 봅시다.**

1. Shénme dōu bù xiǎng gàn. 什么都不想干。

2. Nǐ huì kāichē ma? 你会开车吗?

3. Wǒ jǐnkuài gǎn huílái. 我尽快赶回来。

4. Nín zuò de cài yòu hǎochī yòu hǎokàn. 您做的菜又好吃又好看。

# DAY 05

## 조금 비싼 것도 괜찮아?

입이 트이는 중국어 ❺ DAY01~DAY05 요약 및 활용

# 坐地铁去, 又快又方便
### 지하철 타고 가요, 빠르고 편리하니까요

---

**1단계: 해석**

어디 가요?

백화점에 가요.

백화점에 가서 뭐 사려고요?

옷이랑 가방이요.

뭐 타고 가요?

지하철 타고 가요,
빠르고 편리하니까요.

**2단계: 병음**

Nǐ qù nǎr?

Wǒ qù bǎihuò shāngdiàn.

Nǐ qù bǎihuò shāngdiàn mǎi shénme?

Mǎi yīfu hé bāobāo.

Nǐ zěnme qù a?

Zuò dìtiě qù, yòu kuài yòu fāngbiàn.

MP3를 들으며 3번 반복하세요.  6-5-1.mp3

1회 ○　2회 ○　3회 ○

## 3단계: 한자

你去哪儿?

我去百货商店。

你去百货商店买什么?

买衣服和包包。

你怎么去啊?

坐地铁去,又快又方便。

## 단어

**百货商店**
bǎihuò shāngdiàn
백화점

**包包** bāobāo
가방

**怎么** zěnme
어떻게, 어째서

**地铁** dìtiě
지하철

**快** kuài
빠르다

**方便** fāngbiàn
편리하다

# 我快饿死了, 咱们快去吧!

### 나 배고파 죽겠어, 우리 얼른 가자!

---

**1단계: 해석**

우리 뭐 먹지?

오늘 중국 요리 어때?

샤브샤브 먹을까?

좋아,
내가 맛있게 하는 집을 알거든.

그래? 나 배고파 죽겠어,
우리 얼른 가자!

그럼 우리 택시 타고 가자.

---

**2단계: 병음**

Zánmen chī shénme?

Jīntiān chī zhōngcān zěnmeyàng?

Chī huǒguō ba?

Hǎo a,
wǒ zhīdào yì jiā wèidào hěn hǎo de.

Shì ma? Wǒ kuài èsǐ le,
zánmen kuài qù ba!

Nà zánmen dǎchē qù ba!

### 3단계: 한자

咱们吃什么？

今天吃中餐怎么样？

吃火锅吧？

好啊,
我知道一家味道很好的。

是吗？我快饿死了,
咱们快去吧！

那咱们打车去吧。

### 단어

**咱们** zánmen
우리

**中餐** zhōngcān
중국 요리

**火锅** huǒguō
중국식 샤브샤브

**味道** wèidào
맛

**饿** è
배고프다

**打车** dǎchē
택시를 타다

# 怎样才能学好汉语呢?
어떻게 해야 중국어를 잘할 수 있을까요?

---

**1단계: 해석**

어떻게 해야 중국어를 잘할 수 있을까요?

우선 많이 듣고 많이 말해야 돼요.

듣고 말하는 게 외국어 학습의 기초니까요.

그리고 많이 읽고 많이 써 봐야 해요.

듣기 말하기 읽기 쓰기 모두 중요하다는 거죠?

그럼요, 하나도 빠뜨릴 수 없죠.

---

**2단계: 병음**

Zěnyàng cái néng xuéhǎo Hànyǔ ne?

Shǒuxiān yào cháng tīng cháng shuō.

Tīng hé shuō shì xué wàiyǔ de jīchǔ.

Ránhòu jiù shì yào duō dú duō xiě.

Tīng shuō dú xiě dōu hěn zhòngyào, shì ba?

Dāngránle, yí ge dōu shǎobuliǎo.

## 3단계: 한자

怎样才能学好汉语呢?

首先要常听常说。

听和说是学外语的基础。

然后就是要多读多写。

听说读写都很重要, 是吧?

当然了, 一个都少不了。

## 단어

**怎样** zěnyàng
어떻게

**首先** shǒuxiān
우선, 먼저

**基础** jīchǔ
기초

**然后** ránhòu
그런 후에, 그 다음에

**重要** zhòngyào
중요하다

**少不了** shǎobuliǎo
없어서는 안 된다

# 稍微贵点儿的也可以吗?
조금 비싼 것도 괜찮아?

## 1단계: 해석

말해 봐, 뭐가 필요한데?

내가 필요한 게 있으면,
네가 사 줄 수 있어?

응, 네가 솔직히 얘기해야
내가 신경 쓸 필요가 없지.

그래도 말하기 좀 그런데.

괜찮아.

조금 비싼 것도 괜찮아?

## 2단계: 병음

Shuō ba, nǐ xūyào shénme?

Wǒ xūyào shénme,
nǐ kěyǐ gěi wǒ mǎi ma?

Kěyǐ a, nǐ zhí shuō,
wǒ yě búyòng fèishén le.

Wǒ háishi bù hǎoyìsi shuō.

Méi guānxi.

Shāowēi guì diǎnr de yě kěyǐ ma?

## 3단계: 한자

说吧, 你需要什么?

---

我需要什么,
你可以给我买吗?

---

可以啊, 你直说,
我也不用费神了。

---

我还是不好意思说。

---

没关系。

---

稍微贵点儿的也可以吗?

## 단어

**需要** xūyào
필요하다

**直说** zhí shuō
솔직히 말하다

**费神** fèishén
마음을 쓰다

**不好意思** bù hǎoyìsi
무안하다, 멋쩍다

**稍微** shāowēi
조금, 약간

**贵** guì
비싸다

## 복습하기

🔊 **우리말을 보고 중국어로 말해 봅시다.**

1. 지하철 타고 가요, 빠르고 편리하니까요.

2. 나 배고파 죽겠어, 우리 얼른 가자!

3. 어떻게 해야 중국어를 잘할 수 있을까요?

4. 조금 비싼 것도 괜찮아?

🔊 **병음과 한자를 보고 우리말로 말해 봅시다.**

1. Zuò dìtiě qù, yòu kuài yòu fāngbiàn. 坐地铁去, 又快又方便。

2. Wǒ kuài èsǐ le, zánmen kuài qù ba! 我快饿死了, 咱们快去吧!

3. Zěnyàng cái néng xuéhǎo Hànyǔ ne? 怎样才能学好汉语呢?

4. Shāowēi guì diǎnr de yě kěyǐ ma? 稍微贵点儿的也可以吗?

# DAY 06

## 마음대로 하나 골라 봐

입이 트이는 중국어 ❶ DAY06~DAY10 요약 및 활용

# 你随便挑一个吧
## 마음대로 하나 골라 봐

**1단계: 해석**

이게 다 뭐야?

다 내가 오늘 산 거야.

왜 이렇게 많이 샀어?

마음대로 하나 골라 봐, 흰 게 좋아 아니면 검은 게 좋아?

이거 비싼 거 아니야?

안 비싸, 괜찮아.

**2단계: 병음**

Zhèxiē dōu shì shénme?

Dōu shì wǒ jīntiān mǎi de.

Mǎi zhème duō gàn shénme a?

Nǐ suíbiàn tiāo yí ge ba, yào bái de háishi hēi de?

Zhè shì bu shì hěn guì?

Bú guì, bié kèqi.

MP3를 들으며 3번 반복하세요.

1회 ◯  2회 ◯  3회 ◯

## 3단계: 한자

这些都是什么?

都是我今天买的。

买这么多干什么啊?

你随便挑一个吧,
要白的还是黑的?

这是不是很贵?

不贵, 别客气。

## 단어

**这些** zhèxiē
이런 것들, 이들

**都** dōu
모두

**这么** zhème
이렇게

**随便** suíbiàn
마음대로

**挑** tiāo
고르다

**白** bái
하얗다

**黑** hēi
검다

# 那到底是谁买的呢?
그럼 도대체 누가 샀다는 거예요?

---

**1단계: 해석**

이거 누가 산 거예요?

모르겠어요.

모른다구요?
이 집엔 당신이랑 나 둘뿐인데요.

당신이 산 게 아니면,
내가 산 건데요!

내가 산 건 아닌데,
그럼 도대체 누가 샀다는 거예요?

하하,
사실 지난주에 내가 산 거예요.

**2단계: 병음**

Zhè shì shéi mǎi de?

Bù zhīdào.

Bù zhīdào? Zán jiā zhǐyǒu nǐ hé wǒ liǎng ge rén.

Bú shì nǐ mǎi de,
jiù shì wǒ mǎi de ya!

Bú shì wǒ mǎi de,
nà dàodǐ shì shéi mǎi de ne?

Hāhā,
qíshí shì wǒ shàng xīngqī mǎi de.

## 3단계: 한자

这是谁买的?

不知道。

不知道?
咱家只有你和我两个人。

不是你买的, 就是我买的呀!

不是我买的,
那到底是谁买的呢?

哈哈, 其实是我上星期买的。

## 단어

**不知道** bù zhīdào
모른다

**只有** zhǐyǒu
있을 뿐이다

**不是…就是…**
Bú shì…jiù shì…
~아니면 ~이다

**到底** dàodǐ
도대체

**其实** qíshí
사실

**上星期** shàng xīngqī
지난주

# 能不能借我点钱?

돈 좀 빌려줄 수 있어?

## 1단계: 해석

돈 있어?

무슨 일로 찾아왔나 했다.

돈 좀 빌려줄 수 있어?

얼마나 빌리려고?

많을수록 좋지만,
2만 위안만이라도 괜찮아.

내가 그렇게 많은 돈이 어디 있어?

## 2단계: 병음

Nǐ yǒu qián ma?

Nánguài nǐ lái zhǎo wǒ.

Néng bu néng jiè wǒ diǎn qián?

Nǐ yào jiè duōshao?

Yuè duō yuè hǎo,
yàobù liǎngwàn yě xíng.

Wǒ nǎ yǒu nàme duō qián?

## 3단계: 한자

你有钱吗?

难怪你来找我。

能不能借我点钱?

你要借多少?

越多越好, 要不两万也行。

我哪有那么多钱?

## 단어

**难怪** nánguài
어쩐지

**找** zhǎo
찾다

**借** jiè
빌리다

**越…越…** yuè…yuè…
~할수록 ~하다

**要不** yàobù
그렇지 않으면, 안 그러면

**哪** nǎ
어디, 어느

# 我在咱们约的地方等你呢
### 저희가 약속한 장소에서 기다리고 있어요

## 1단계: 해석

어디쯤 왔어요?

어디쯤이라니요? 저 집인데요!

집이요? 어떻게 오늘 약속이 있다는 걸 또 잊어버릴 수가 있죠?

아이고, 정말 미안해요. 어디세요?

저희가 약속한 장소에서 기다리고 있어요.

밖이 추우니까 커피숍에 들어가 계세요. 바로 갈게요.

## 2단계: 병음

Nǐ dào nǎr le?

Shénme dào nǎr? Wǒ zài jiā ne!

Zài jiā? Nǐ zěnme yòu wàngle jīntiān yǒu yuēhuì?

Āiyā, zhēn duìbuqǐ, nǐ zài nǎr ne?

Wǒ zài zánmen yuē de dìfang děng nǐ ne.

Wàimiàn lěng, nǐ zhǎo yí ge kāfēiguǎn, wǒ mǎshàng guòqù.

## 3단계: 한자

你到哪儿了?

什么到哪儿? 我在家呢!

在家?
你怎么又忘了今天有约会?

哎呀, 真对不起, 你在哪儿呢?

我在咱们约的地方等你呢。

外面冷, 你找一个咖啡馆,
我马上过去。

## 단어

又 yòu
또

忘 wàng
잊다

约会 yuēhuì
약속

外面 wàimiàn
밖

咖啡馆 kāfēiguǎn
커피숍

马上 mǎshàng
바로, 즉시

## 우리말을 보고 중국어로 말해 봅시다.

1. 마음대로 하나 골라 봐.

2. 그럼 도대체 누가 샀다는 거예요?

3. 돈 좀 빌려줄 수 있어?

4. 저희가 약속한 장소에서 기다리고 있어요.

## 병음과 한자를 보고 우리말로 말해 봅시다.

1. Nǐ suíbiàn tiāo yí ge ba. 你随便挑一个吧。

2. Nà dàodǐ shì shéi mǎi de ne? 那到底是谁买的呢?

3. Néng bu néng jiè wǒ diǎn qián? 能不能借我点钱?

4. Wǒ zài zánmen yuē de dìfang děng nǐ ne. 我在咱们约的地方等你呢。

# DAY 07

오늘 또
지각하겠어요

입이 트이는 중국어 ❷ DAY06~DAY10 요약 및 활용

# 我们小区很安静
### 저희 단지는 아주 조용해요

## 1단계: 해석

집이 정말 깨끗하네요!

아니에요.

주변 환경은 어때요?

저희 단지는 아주 조용해요.

그럼 여기로 이사 오는 걸로 정해야겠어요.

그럼 우리 곧 이웃이 되겠네요.

## 2단계: 병음

Nǐ de fángzi zhēn gānjìng a!

Nǎlǐ nǎlǐ.

Zhōuwéi huánjìng zěnmeyàng?

Wǒmen xiǎoqū hěn ānjìng.

Nà wǒ juédìng,
jiù bāndào zhèbiān lái le.

Nà zánmen yǐhòu jiù shì línjū le.

MP3를 들으며 3번 반복하세요.  6-7-1.mp3

1회 ○  2회 ○  3회 ○

## 3단계: 한자

你的房子真干净啊!

哪里哪里。

周围环境怎么样?

我们小区很安静。

那我决定, 就搬到这边来了。

那咱们以后就是邻居了。

## 단어

**房子** fángzi
집

**干净** gānjìng
깨끗하다

**哪里哪里** nǎlǐ nǎlǐ
천만에요

**小区** xiǎoqū
단지, 동네

**安静** ānjìng
조용하다

**搬** bān
옮기다, 이사하다

**邻居** línjū
이웃집, 이웃 사람

# 你们那儿今天天气怎么样?
### 거기 오늘 날씨 어때?

| 1단계: 해석 | 2단계: 병음 |
|---|---|
| 거기 오늘 날씨 어때? | Nǐmen nàr jīntiān tiānqì zěnmeyàng? |
| 오늘은 비가 오네. | Jīntiān xià yǔ. |
| 많이 와? | Xià de hěn dà ma? |
| 많이 안 와, 이슬비야. | Xià de bú dà, máomaoyǔ. |
| 여기는 눈이 왔는데, 그것도 아주 많이 왔어. | Wǒmen zhèbiān xià xuě le, érqiě xià de hěn dà. |
| 지금 아직 10월인데, 벌써 눈이 온다고? | Xiànzài cái shí yuèfèn, jiù xià xuě le? |

## 3단계: 한자

你们那儿今天天气怎么样?

今天下雨。

下得很大吗?

下得不大, 毛毛雨。

我们这边下雪了,
而且下得很大。

现在才10月份, 就下雪了?

## 단어

**下雨** xià yǔ
비가 오다

**下得大** xià de dà
많이 오다
비나 눈이

**毛毛雨** máomaoyǔ
이슬비

**下雪** xià xuě
눈이 오다

**才** cái
겨우

**月份** yuèfèn
월

# 今天又要迟到了
## 오늘 또 지각하겠어요

### 1단계: 해석

오늘 또 지각하겠어요. 좀 서둘러요.

조급해하지 말아요.
9시 출근 아닌가요?

금방 9시에요.

아직 30분이나 있는데요.

출근 시간은 회사에 도착하는 시간이 아니라 일을 시작하는 시간이잖아요.

맞는 말씀이네요. 우리 좀 서둘러요.

### 2단계: 병음

Jīntiān yòu yào chídào le,
kuài diǎnr ba.

Bù zháojí,
bú shì jiǔ diǎn shàngbān ma?

Mǎshàng jiù jiǔ diǎn le.

Hái yǒu bàn ge xiǎoshí ne.

Shàngbān shíjiān bú shì dàodá gōngsī de shíjiān, ér shì kāishǐ gōngzuò de shíjiān.

Nǐ shuō de duì, zánmen kuài diǎnr.

## 3단계: 한자

今天又要迟到了，快点儿吧。

不着急，不是九点上班吗？

马上就九点了。

还有半个小时呢。

上班时间不是到达公司的时间，而是开始工作的时间。

你说的对，咱们快点儿。

## 단어

**迟到** chídào
지각하다

**着急** zháojí
조급해하다, 초조해하다

**小时** xiǎoshí
시간

**到达** dàodá
도착하다

**公司** gōngsī
회사

**开始** kāishǐ
시작하다

# 我实在吃不下去了
## 나 더 이상 못 먹겠어

### 1단계: 해석

다 먹었어?

응, 진짜 배부르다.

얼마 먹지도 않았잖아, 좀 더 먹어.

나 더 이상 못 먹겠어.

그렇다면 강요하지 않을게.

너 많이 먹어.

### 2단계: 병음

Nǐ chīwán le?

Ǹg, hǎo bǎo a.

Nǐ méi chī duōshao a, zài chī diǎnr.

Wǒ shízài chī bu xiàqù le.

Nà wǒ bù miǎnqiǎng nǐ le.

Nǐ duō chī diǎnr ba.

MP3를 들으며 3번 반복하세요. 🎧 6-7-4.mp3

1회 ○  2회 ○  3회 ○

## 3단계: 한자

你吃完了?

---

嗯, 好饱啊。

---

你没吃多少啊, 再吃点儿。

---

我实在吃不下去了。

---

那我不勉强你了。

---

你多吃点儿吧。

## 단어

饱 bǎo
배부르다

实在 shízài
정말, 사실

吃不下去 chī bu xiàqù
먹을 수 없다

勉强 miǎnqiǎng
강요하다, 억지로 하다

多 duō
많이

点儿 diǎnr
좀

🔊 우리말을 보고 중국어로 말해 봅시다.

1. 저희 단지는 아주 조용해요.

2. 거기 오늘 날씨 어때?

3. 오늘 또 지각하겠어요.

4. 나 더 이상 못 먹겠어.


🔊 병음과 한자를 보고 우리말로 말해 봅시다.

1. Wǒmen xiǎoqū hěn ānjìng. 我们小区很安静。

2. Nǐmen nàr jīntiān tiānqì zěnmeyàng? 你们那儿今天天气怎么样?

3. Jīntiān yòu yào chídào le. 今天又要迟到了。

4. Wǒ shízài chī bu xiàqù le. 我实在吃不下去了。

# DAY 08

## 조금 일찍 출발해야겠어

입이 트이는 중국어 ❸ DAY06~DAY10 요약 및 활용

# 你看错人了
## 사람 잘못 보셨어요

### 1단계: 해석

그에게 돈을 주어서는 안 돼요.

왜요?

그는 좋은 사람이 아닌 것 같아요.

그래요?

그를 믿으면 안 돼요,
사람 잘못 보셨어요.

저는 이번 한 번만 그를 믿을래요.

### 2단계: 병음

Nǐ bù yīnggāi gěi tā qián.

Wèi shéme?

Wǒ juéde tā bú shì hǎorén.

Shì ma?

Nǐ bù yīnggāi xiāngxìn tā,
nǐ kàncuò rén le.

Wǒ zhè cì xiāngxìn tā yì huí.

MP3를 들으며 3번 반복하세요.  6-8-1.mp3

1회 ○ 2회 ○ 3회 ○

## 3단계: 한자

你不应该给他钱。

为什么?

我觉得他不是好人。

是吗?

你不应该相信他, 你看错人了。

我这次相信他一回。

## 단어

**应该** yīnggāi
~해야 한다

**觉得** juéde
~라고 느끼다

**相信** xiāngxìn
믿다

**错** cuò
틀리다

**这次** zhè cì
이번

**一回** yì huí
한 번

# 咱们得早点儿出发

우리 조금 일찍 출발해야겠어

## 1단계: 해석

오늘 우리 조금 일찍 출발해야겠어.

여덟 시 출발도 좀 이른데.

여덟 시가 이르다고?

지난번에 하마터면 지각할 뻔했잖아.

그래?
그럼 우리 7시 50분에 출발하자.

그럼 더 좋지.

## 2단계: 병음

Jīntiān zánmen děi zǎo diǎnr chūfā.

Bā diǎn chūfā yǐjīng hěn zǎo le.

Bā diǎn hái zǎo a?

Shàng cì chàdiǎnr jiù chídào le.

Shì ma?
Nà zánmen qī diǎn wǔshí chūfā ba.

Nà gèng hǎo.

### 3단계: 한자

今天咱们得早点儿出发。

八点出发已经很早了。

八点还早啊?

上次差点儿就迟到了。

是吗?
那咱们七点五十出发吧。

那更好。

### 단어

**得** děi
해야 한다

**出发** chūfā
출발하다

**已经** yǐjīng
이미, 벌써

**早** zǎo
이르다

**差点儿** chàdiǎnr
하마터면

**迟到** chídào
지각하다, 늦다

# 一般六点一刻起床
## 보통 6시 15분에 일어나요

### 1단계: 해석

평소 몇 시에 일어나요?

보통 6시 15분에 일어나요.

그렇게 일찍 일어나서 뭐 하세요?

일찍 일어나서 운동해요.

매일매일 하세요?

당연하죠, 건강을 위한 거니까요.

### 2단계: 병음

Nǐ píngshí jǐ diǎn qǐchuáng?

Yìbān liù diǎn yí kè qǐchuáng.

Zhème zǎo qǐchuáng gàn shénme?

Zǎo qǐ qù duànliàn a.

Tiāntiān zhèyàng ma?

Dāngrán le,
wèile shēntǐ jiànkāng ma.

MP3를 들으며 3번 반복하세요.  6-8-3.mp3

1회 ◯　2회 ◯　3회 ◯

## 3단계: 한자

你平时几点起床?

一般六点一刻起床。

这么早起床干什么?

早起去锻炼啊。

天天这样吗?

当然了, 为了身体健康嘛。

## 단어

**平时** píngshí
평소, 평상시

**起床** qǐchuáng
일어나다

**一刻** yí kè
15분, 잠깐

**锻炼** duànliàn
운동하다, 단련하다

**天天** tiāntiān
날마다, 매일

**为了** wèile
~을 하기 위하여

# 我可以借书吗?
### 책을 빌릴 수 있을까요?

## 1단계: 해석

선생님, 저 뭐 하나 여쭤봐도 될까요?

그럼, 무슨 일인데?

책을 빌릴 수 있을까요?

물론이지, 근데 도서대출증은 있어?

없어요.

그럼 먼저 도서대출증을 만들어서 다시 오렴.

## 2단계: 병음

Lǎoshī, wǒ kěyǐ wèn yí ge wèntí ma?

Kěyǐ a, shénme wèntí?

Wǒ kěyǐ jiè shū ma?

Dāngrán le, kěshì nǐ yǒu jièshūzhèng ma?

Méiyǒu.

Nà nǐ xiān qù bàn zhāng jièshūzhèng zài lái ba.

MP3를 들으며 3번 반복하세요.  6-8-4.mp3

1회 ○  2회 ○  3회 ○

## 3단계: 한자

老师, 我可以问一个问题吗?

可以啊, 什么问题?

我可以借书吗?

当然了, 可是你有借书证吗?

没有。

那你先去办张借书证再来吧。

## 단어

**问题** wèntí
문제

**借书** jiè shū
책을 빌리다

**当然** dāngrán
당연하다

**借书证** jiè shū zhèng
도서대출증

**办** bàn
밟다, 처리하다　← 수속을

**张** zhāng
장
종이나 가죽 등을 세는 단위

### 🔊 우리말을 보고 중국어로 말해 봅시다.

1. 사람 잘못 보셨어요.

2. 우리 조금 일찍 출발해야겠어.

3. 보통 6시 15분에 일어나요.

4. 책을 빌릴 수 있을까요?

### 🔊 병음과 한자를 보고 우리말로 말해 봅시다.

1. Nǐ kàncuò rén le. 你看错人了。

2. Zánmen děi zǎo diǎnr chūfā. 咱们得早点儿出发。

3. Yìbān liù diǎn yí kè qǐchuáng. 一般六点一刻起床。

4. Wǒ kěyǐ jiè shū ma? 我可以借书吗?

# DAY 09

## 키 작은 게 어때서?

입이 트이는 중국어 ❹ DAY06~DAY10 요약 및 활용

# 个子矮怎么了?
### 키 작은 게 어때서?

## 1단계: 해석

나는 키가 이렇게 작은데,
날 좋아하는 사람이 있을까?

키 작은 게 어때서?

요즘 여자애들은 다 키 큰 남자를
좋아하잖아!

비록 넌 키가 작지만,
너만의 장점이 있잖아.

어떤 장점?

너는 우등생이고, 공부를 잘하잖아!

## 2단계: 병음

Wǒ gèzi zhème ǎi,
huì yǒu rén xǐhuan wǒ ma?

Gèzi ǎi zěnme le?

Zuìjìn nǚ háizi bù dōu xǐhuan gèzi
gāo de nánshēng ma!

Suīrán nǐ gèzi ǎi,
dànshì nǐ yǒu nǐ de yōushì a.

Shénme yōushì?

Nǐ shì ge yōuxiù xuésheng,
xuéxí hǎo a.

## 3단계: 한자

我个子这么矮,
会有人喜欢我吗?

---

个子矮怎么了?

---

最近女孩子不都喜欢个子
高的男生嘛!

---

虽然你个子矮,
但是你有你的优势啊。

---

什么优势?

---

你是个优秀学生, 学习好啊。

## 단어

**个子** gèzi
키

**矮** ǎi
작다, 낮다

**高** gāo
크다, 높다

**男生** nánshēng
남학생

**虽然…但是…**
suīrán…dànshì…
비록~ 하지만~

**优势** yōushì
장점, 우세

# 你能不能告诉我是哪儿?
### 어디인지 나한테 알려 주면 안 될까?

**1단계: 해석**

우리 어디 가지?

아직은 안 알려 줄래.

대체 어딜 가려고?

오늘은 네가 지금까지 한 번도 가 본 적이 없는 재미있는 곳에 데려갈 거야.

어디인지 나한테 알려 주면 안 될까?

지금 알려 주면, 재미없잖아.

**2단계: 병음**

Zánmen qù nǎr a?

Wǒ xiān bú gàosu nǐ.

Dàodǐ qù nǎr?

Wǒ jīntiān dài nǐ qù nǐ cónglái méi qùguo de hǎowán de dìfang.

Nǐ néng bu néng gàosu wǒ shì nǎr?

Xiànzài jiù gàosu nǐ, nàyàng méi yìsi le.

## 3단계: 한자

咱们去哪儿啊?

---

我先不告诉你。

---

到底去哪儿?

---

我今天带你去你从来没去过的好玩的地方。

---

你能不能告诉我是哪儿?

---

现在就告诉你,
那样没意思了。

## 단어

**告诉** gàosu
말하다, 알리다

**到底** dàodǐ
도대체

**带** dài
데리다, 이끌다

**从来** cónglái
이제까지, 여태껏

**好玩** hǎowán
재미있다

**没意思** méi yìsi
재미없다

# 不太远
### 그다지 멀지 않아요

## 1단계: 해석

너희 집 여기서 멀어?

그다지 멀지 않아요.

대략 몇 킬로미터인데?

20킬로미터 정도요.

운전해서 가면 얼마나 걸려?

30분 걸려요.

## 2단계: 병음

Nǐ jiā lí zhèr yuǎn ma?

Bú tài yuǎn.

Dàgài yǒu duōshao gōnglǐ?

Èrshí gōnglǐ zuǒyòu.

Kāichē guòqù yào duō cháng shíjiān?

Yào bàn ge xiǎoshí ba.

## 3단계: 한자

你家离这儿远吗?

---

不太远。

---

大概有多少公里?

---

二十公里左右。

---

开车过去要多长时间?

---

要半个小时吧。

## 단어

**离** lí
~로부터, ~에서

**不太** bú tài
그다지 ~않다

**大概** dàgài
대략, 아마

**公里** gōnglǐ
킬로미터

**左右** zuǒyòu
가량, 쯤

**开车** kāichē
차를 몰다, 운전하다

# 下星期几?
## 다음 주 무슨 요일이요?

### 1단계: 해석

오늘도 야근이네요,
우리 다음에 만나요!

또 야근이에요?

네, 요즘 저희 회사가 많이 바빠서요.

매일 야근인데, 안 피곤해요?

피곤하지 않을 수 있겠어요?
우리 다음 주에 봐요!

그래요, 다음 주 무슨 요일이요?

### 2단계: 병음

Jīntiān yě děi jiābān,
zánmen gǎitiān jiàn ba!

Yòu jiābān a?

Shì a,
wǒmen dānwèi zuìjìn hěn máng.

Tiāntiān jiābān, lèi bu lèi?

Néng bú lèi ma?
zánmen xià xīngqī jiàn ba!

Hǎo de, xià xīngqī jǐ?

MP3를 들으며 3번 반복하세요.  6-9-4.mp3

1회 ◯  2회 ◯  3회 ◯

## 3단계: 한자

今天也得加班,
咱们改天见吧!

---

又加班啊?

---

是啊, 我们单位最近很忙。

---

天天加班, 累不累?

---

能不累吗? 咱们下星期见吧!

---

好的, 下星期几?

## 단어

**加班** jiābān
초과 근무를 하다, 야근하다

**改天** gǎitiān
다른 날, 나중

**单位** dānwèi
부서, 회사

**忙** máng
바쁘다

**累** lèi
힘들다, 지치다

**下星期** xià xīngqī
다음 주

## 복습하기

🗣️ 우리말을 보고 중국어로 말해 봅시다.

1. 키 작은 게 어때서?

2. 어디인지 나한테 알려 주면 안 될까?

3. 그다지 멀지 않아요.

4. 다음 주 무슨 요일이요?


🗣️ 병음과 한자를 보고 우리말로 말해 봅시다.

1. Gèzi ǎi zěnme le? 个子矮怎么了?

2. Nǐ néng bu néng gàosu wǒ shì nǎr? 你能不能告诉我是哪儿?

3. Bú tài yuǎn. 不太远。

4. Xià xīngqī jǐ? 下星期几?

# DAY 10

차 막힐까 봐
걱정되지 않아?

입이 트이는 중국어 ⑤ DAY06~DAY10 요약 및 활용

# 王老师教我们汉语
왕 선생님은 저희에게 중국어를 가르쳐 주세요

## 1단계: 해석

왕 선생님은 너희에게 무엇을 가르쳐 주시니?

왕 선생님은 저희에게 중국어를 가르쳐 주세요.

잘 가르쳐 주셔?

왕 선생님 수업은 무척 재미있어요.

다들 왕 선생님을 좋아하겠네?

말할 필요가 있나요?

## 2단계: 병음

Wáng lǎoshī jiāo nǐmen shénme?

Wáng lǎoshī jiāo wǒmen Hànyǔ.

Tā jiāo de hǎo ma?

Wáng lǎoshī de kè hěn yǒu yìsi.

Dàjiā yídìng dōu hěn xǐhuan Wáng lǎoshī ba?

Nà hái yòng shuō ma?

## 3단계: 한자

王老师教你们什么?

王老师教我们汉语。

他教得好吗?

王老师的课很有意思。

大家一定都很喜欢王老师吧?

那还用说吗?

## 단어

**教** jiāo
가르치다

**教得好** jiāo de hǎo
잘 가르치다

**课** kè
수업

**有意思** yǒu yìsi
재미있다

**大家** dàjiā
모두, 다들

**一定** yídìng
반드시

# 我想跟你借点儿钱
### 너한테 돈을 좀 빌리고 싶은데

## 1단계: 해석

오늘은 무슨 바람이 불어서 왔어?

너 보러 왔지.

됐어, 솔직히 말해!

너한테 돈을 좀 빌리고 싶은데.

내가 뭐랬어, 얼마 빌리려고?

만 위안 있니?

## 2단계: 병음

Jīntiān shénme fēng bǎ nǐ chuīlái le?

Wǒ lái kàn nǐ a.

Suànle ba, shuō shíhuà!

Wǒ xiǎng gēn nǐ jiè diǎnr qián.

Wǒ shuō shénme láizhe, jiè duōshao qián?

Yǒu yí wàn ma?

## 3단계: 한자

今天什么风把你吹来了?

我来看你啊。

算了吧, 说实话!

我想跟你借点儿钱。

我说什么来着, 借多少钱?

有一万吗?

## 단어

风 fēng
바람

把 bǎ
~을

吹 chuī
불다

算了 suànle
됐다, 내버려 두다

说实话 shuō shíhuà
솔직히 말하다

借 jiè
빌리다

# 你不怕堵车吗?
### 차 막힐까 봐 걱정되지 않아?

## 1단계: 해석

너 매일 어떻게 등교해?

우선 지하철을 타고,
그 다음에 셔틀버스를 타고 등교해.

넌 매일 어떻게 출근하는데?

운전해서 출근하지.

차 막힐까 봐 걱정되지 않아?

걱정되지, 그래서 한 시간 일찍
집에서 나오잖아.

## 2단계: 병음

Nǐ měitiān zěnme shàngxué?

Wǒ xiān zuò dìtiě,
ránhòu zuò bānchē shàngxué.

Nǐ měitiān zěnme shàngbān?

Wǒ kāichē shàngbān.

Nǐ bú pà dǔchē ma?

Pà, suǒyǐ wǒ tíqián yí ge xiǎoshí chūmén.

MP3를 들으며 3번 반복하세요.  6-10-3.mp3

1회 ◯ 2회 ◯ 3회 ◯

### 3단계: 한자

你每天怎么上学?

我先坐地铁,
然后坐班车上学。

你每天怎么上班?

我开车上班。

你不怕堵车吗?

怕, 所以我提前一个小时出门。

### 단어

**上学** shàngxué
등교하다

**地铁** dìtiě
지하철

**然后** ránhòu
그런 후에, 그 다음에

**班车** bānchē
셔틀버스

**堵车** dǔchē
차가 막히다

**提前** tíqián
앞당기다

# 不用做什么特别的准备
### 특별히 준비해야 할 건 없어요

---

**1단계: 해석**

지난달 중국에 갔었다고요?

네, 당신도 다음 주에 중국에 간다면서요?

맞아요, 그래서 오늘 물어볼 게 있어서 찾아왔어요.

중국에 처음 가는 건데, 뭘 준비해야 할까요?

특별히 준비해야 할 건 없어요.

중국이나 여기나 큰 차이는 없어요.

---

**2단계: 병음**

Tīngshuō nǐ shàng ge yuè qù Zhōngguó le?

Shì a, wǒ tīngshuō nǐ xià xīngqī yě qù Zhōngguó?

Duì a, suǒyǐ jīntiān wǒ lái zhǎo nǐ wèn diǎnr shì.

Wǒ shì dì-yī cì qù Zhōngguó, yīnggāi zhǔnbèi shénme ne?

Búyòng zuò shénme tèbié de zhǔnbèi.

Zhōngguó gēn zánmen zhèr méi shénme tài dà de chābié.

## 3단계: 한자

听说你上个月去中国了?

是啊,
我听说你下星期也去中国?

对啊,
所以今天我来找你问点儿事。

我是第一次去中国,
应该准备什么呢?

不用做什么特别的准备。

中国跟咱们这儿没什么
太大的差别。

## 단어

**听说** tīngshuō
듣자니

**所以** suǒyǐ
그래서

**找** zhǎo
찾다

**第一次** dì-yī cì
처음

**准备** zhǔnbèi
준비하다

**差别** chābié
차이

## 우리말을 보고 중국어로 말해 봅시다.

1. 왕 선생님은 저희에게 중국어를 가르쳐 주세요.

2. 너한테 돈을 좀 빌리고 싶은데.

3. 차 막힐까 봐 걱정되지 않아?

4. 특별히 준비해야 할 건 없어요.

## 병음과 한자를 보고 우리말로 말해 봅시다.

1. Wáng lǎoshī jiāo wǒmen Hànyǔ. 王老师教我们汉语。

2. Wǒ xiǎng gēn nǐ jiè diǎnr qián. 我想跟你借点儿钱。

3. Nǐ bú pà dǔchē ma? 你不怕堵车吗?

4. Búyòng zuò shénme tèbié de zhǔnbèi. 不用做什么特别的准备。

# DAY 11

## 이게 너희 집 가족사진이야?

입이 트이는 중국어 ❶ DAY11~DAY15 요약 및 활용

# 你都去过哪些国家啊?
### 넌 어느 나라에 가 봤어?

## 1단계: 해석

넌 어느 나라에 가 봤어?

난 여러 나라에 가 봤는데, 너는?

나는 일본만 가 봤어.

중국은 가 보고 싶지 않아?

당연히 가 보고 싶지.

올해 여름 방학 때 같이 가자!

## 2단계: 병음

Nǐ dōu qùguo nǎxiē guójiā a?

Wǒ qùguo hǎo jǐ ge guójiā ne. Nǐ ne?

Wǒ zhǐ qùguo Rìběn.

Nǐ xiǎng bu xiǎng qù Zhōngguó?

Dāngrán xiǎng qù.

Jīnnián shǔjià zánmen yìqǐ qù ba!

MP3를 들으며 3번 반복하세요. 6-11-1.mp3

1회 ○  2회 ○  3회 ○

## 3단계: 한자

你都去过哪些国家啊?

---

我去过好几个国家呢。你呢?

---

我只去过日本。

---

你想不想去中国?

---

当然想去。

---

今年暑假咱们一起去吧!

## 단어

**哪些** nǎxiē
어떤 ~들
복수를 나타냄

**国家** guójiā
나라, 국가

**只** zhǐ
다만, 단지

**想** xiǎng
~하고 싶다

**暑假** shǔjià
여름 방학

**一起** yìqǐ
함께, 같이

# 这是你家的全家福吗?
이게 너희 집 가족사진이야?

**1단계: 해석**

이게 너희 집 가족사진이야?

응, 작년에 찍은 거야.

너희 아버지 정말 자상해 보이신다!

너희 어머니는 젊어 보이시고!

젊었을 때 한 미모하셨겠는데.

응, 내가 우리 엄마를 닮았잖아.

**2단계: 병음**

Zhè shì nǐ jiā de quánjiāfú ma?

Duì ya, shì qùnián pāi de.

Nǐ bàba kànqǐlái hǎo cíxiáng a!

Nǐ māma kànqǐlái hěn niánqīng a!

Niánqīng shí yídìng shì ge dà měirén.

Shì ya, wǒ jiùshì suí wǒ mā.

## 3단계: 한자

这是你家的全家福吗？

---

对呀，是去年拍的。

---

你爸爸看起来好慈祥啊！

---

你妈妈看起来很年轻啊！

---

年轻时一定是个大美人。

---

是呀，我就是随我妈。

## 단어

**全家福** quánjiāfú
가족사진

**拍** pāi
찍다

**慈祥** cíxiáng
자상하다

**年轻** niánqīng
젊다

**美人** měirén
미인

**随** suí
닮다, 비슷하다

# 你在中国呆了多久?
중국에 얼마나 있었어요?

## 1단계: 해석

중국어 얼마나 배웠어요?

6개월 배웠어요.

중국에 얼마나 있었어요?

2개월 있었어요.

중국어 재미있어요?

정말 재미있어요.

## 2단계: 병음

Nǐ xué Hànyǔ xuéle duō cháng shíjiān?

Wǒ xuéle liù ge yuè le.

Nǐ zài Zhōngguó dāile duō jiǔ?

Wǒ dāile liǎng ge yuè.

Hànyǔ yǒu yìsi ma?

Tèbié yǒu yìsi.

MP3를 들으며 3번 반복하세요. 🎧 6-11-3.mp3

1회 ◯　2회 ◯　3회 ◯

## 3단계: 한자 | 단어

你学汉语学了多长时间?

**多长时间**
duō cháng shíjiān
얼마나, 얼마 동안

我学了六个月了。

**月** yuè
월

你在中国呆了多久?

**呆** dāi
머무르다

**多久** duō jiǔ
얼마나 오랫동안

我呆了两个月。

汉语有意思吗?

**有意思** yǒu yìsi
재미있다

**特别** tèbié
특히, 아주

特别有意思。

DAY 11 이게 너희 집 가족사진이야? | 113

# 在中国的西南地区
중국의 서남 지역에 있어요

## 1단계: 해석

저 물어보고 싶은 게 하나 있는데요.

무슨 일인데요?

중국의 쿤밍을 아시나요?

알죠, 쿤밍은 윈난성의 성도잖아요.

그래요? 윈난성은 어디에 있나요?

중국의 서남 지역에 있어요.

## 2단계: 병음

Wǒ yǒu yí ge wèntí xiǎng wènwen nǐ.

Shénme wèntí?

Nǐ zhīdào Zhōngguó de Kūnmíng ma?

Zhīdào a, Kūnmíng shì Yúnnán shěng de shěnghuì.

Shì ma? Yúnnán shěng zài nǎr a?

Zài Zhōngguó de xīnán dìqū.

MP3를 들으며 3번 반복하세요.  6-11-4.mp3

1회 ○   2회 ○   3회 ○

## 3단계: 한자

我有一个问题想问问你。

---

什么问题?

---

你知道中国的昆明吗?

---

知道啊, 昆明是云南省的省会。

---

是吗? 云南省在哪儿啊?

---

在中国的西南地区。

## 단어

**问题** wèntí
문제

**知道** zhīdào
알다

**昆明** Kūnmíng
쿤밍, 곤명
중국 윈난성의 성도

**云南省** Yúnnán shěng
윈난성, 운남성

**西南** xīnán
서남쪽

**地区** dìqū
지역

🔊 우리말을 보고 중국어로 말해 봅시다.

1. 넌 어느 나라에 가 봤어?

2. 이게 너희 집 가족사진이야?

3. 중국에 얼마나 있었어요?

4. 중국의 서남 지역에 있어요.

🔊 병음과 한자를 보고 우리말로 말해 봅시다.

1. Nǐ dōu qùguo nǎxiē guójiā a? 你都去过哪些国家啊?

2. Zhè shì nǐ jiā de quánjiāfú ma? 这是你家的全家福吗?

3. Nǐ zài Zhōngguó dāile duō jiǔ? 你在中国呆了多久?

4. Zài Zhōngguó de xīnán dìqū. 在中国的西南地区。

# DAY 12

## 오늘 바깥 공기는 어때?

입이 트이는 중국어 ❷ DAY11~DAY15 요약 및 활용

# 今天外边的空气怎么样?
오늘 바깥 공기는 어때?

## 1단계: 해석

요 며칠 미세먼지가 심했어.

맞아, 계속 집에 있느라 얼마나 답답했는지 몰라.

오늘 바깥 공기는 어때?

바깥 공기는 많이 신선해졌어.

그럼 나와서 나랑 같이 놀자.

내가 데리러 갈게.

## 2단계: 병음

Qián liǎng tiān wùmái hěn yánzhòng.

Duì a, yìzhí zài jiāli, bié tí duō mèn le.

Jīntiān wàibian de kōngqì zěnmeyàng?

Wàibian de kōngqì xīnxiān duō le.

Nà nǐ chūlái gēn wǒ yìqǐ wán ba.

Wǒ qù jiē nǐ.

## 3단계: 한자

前两天雾霾很严重。

对啊, 一直在家里,
别提多闷了。

今天外边的空气怎么样?

外边的空气新鲜多了。

那你出来跟我一起玩吧。

我去接你。

## 단어

**前两天** qián liǎng tiān
며칠 전

**雾霾** wùmái
미세먼지

**严重** yánzhòng
심하다

**提** tí
말을 꺼내다, 언급하다

**闷** mèn
답답하다

**新鲜** xīnxiān
신선하다

# 还差得远呢!
아직 멀었어요!

## 1단계: 해석

오랜만입니다!

정말 오랜만이네요.

이젠 중국어 정말 잘하시네요, 많이 느셨어요.

별말씀을요! 아직 멀었어요!

당신 한국어 실력은 어때요?

그저 그런 평범한 수준이에요.

## 2단계: 병음

Hǎo jiǔ bú jiàn!

Zhēnshi hǎo jiǔ méi jiàn le.

Xiànzài nǐ Hànyǔ shuō de zhēn hǎo a, yǒu hěn dà de jìnbù.

Nǎlǐ nǎlǐ! Hái chà de yuǎn ne!

Nǐ de Hányǔ zěnmeyàng?

Mǎmǎhūhū, hěn yìbān.

## 3단계: 한자

好久不见!

真是好久没见了。

现在你汉语说得真好啊，有很大的进步。

哪里哪里！还差得远呢！

你的韩语怎么样？

马马虎虎，很一般。

## 단어

**好久不见** hǎo jiǔ bú jiàn
오랜만입니다

**进步** jìnbù
진보하다

**差得远** chà de yuǎn
아직 멀었다

**韩语** Hányǔ
한국어

**马马虎虎** mǎmǎhūhū
그저 그렇다

**一般** yìbān
보통이다, 평범하다

# 我能请你唱首歌吗?

제가 노래 한 곡 청해도 될까요?

**1단계: 해석**

제가 노래 한 곡 청해도 될까요?

청하신다니요?

노래를 잘하시니까, 당연히 제가 청해야지요.

그냥 노래하라고 시키시면 됩니다.

오늘 제게 어떤 노래를 들려 주시나요?

'첨밀밀'이요.

**2단계: 병음**

Wǒ néng qǐng nǐ chàng shǒu gē ma?

Shénme jiào qǐng wǒ ne?

Nǐ gē chàng de hǎotīng, yīnggāi qǐng nǐ.

Jiào wǒ chànggē jiù xíng.

Jīntiān chàng shénme gē gěi wǒ tīng ne?

《Tiánmìmì》.

## 3단계: 한자

我能请你唱首歌吗?

什么叫请我呢?

你歌唱得好听, 应该请你。

叫我唱歌就行。

今天唱什么歌给我听呢?

《甜蜜蜜》。

## 단어

请 qǐng
청하다

首 shǒu
곡, 수
시(詩)·노래 등을 세는 양사

好听 hǎotīng
듣기 좋다

唱歌 chànggē
노래를 부르다

行 xíng
~해도 좋다

听 tīng
듣다

# 我的成绩没他好
내 성적은 걔만큼 좋진 않아

## 1단계: 해석

오늘 날씨 어때?

오늘은 어제보다 추워.

너는 걔보다 몇 살 많아?

나는 걔보다 두 살 많아.

네 성적은 걔보다 좋아?

내 성적은 걔만큼 좋진 않아.

## 2단계: 병음

Jīntiān tiānqì zěnmeyàng?

Jīntiān bǐ zuótiān lěng.

Nǐ bǐ tā dà jǐ suì?

Wǒ bǐ tā dà liǎng suì.

Nǐ de chéngjì bǐ tā hǎo ma?

Wǒ de chéngjì méi tā hǎo.

## 3단계: 한자

今天天气怎么样?

今天比昨天冷。

你比他大几岁?

我比他大两岁。

你的成绩比他好吗?

我的成绩没他好。

## 단어

**天气** tiānqì
날씨

**比** bǐ
~에 비해, ~보다

**大** dà
많다

**岁** suì
세, 살

**成绩** chéngjì
성적

**没** méi
~만 못하다,
~에 미치지 못하다

### 🔊 우리말을 보고 중국어로 말해 봅시다.

1. 오늘 바깥 공기는 어때?

2. 아직 멀었어요!

3. 제가 노래 한 곡 청해도 될까요?

4. 내 성적은 걔만큼 좋진 않아.

### 🔊 병음과 한자를 보고 우리말로 말해 봅시다.

1. Jīntiān wàibian de kōngqì zěnmeyàng? 今天外边的空气怎么样?

2. Hái chà de yuǎn ne! 还差得远呢!

3. Wǒ néng qǐng nǐ chàng shǒu gē ma? 我能请你唱首歌吗?

4. Wǒ de chéngjì méi tā hǎo. 我的成绩没他好。

# DAY 13

## 유산소 운동이 몸에 좋지

입이 트이는 중국어 ❸ DAY11~DAY15 요약 및 활용

학습범위

# 在一家外企工作
### 외국 기업에서 일해

---

**1단계: 해석**

걔 이름이 뭐야?

성은 장이고, 이름은 태준이야.

걔는 대학생이야?

아니, 회사원이야.

어디서 일하는데?

외국 기업에서 일해.

---

**2단계: 병음**

Tā jiào shénme míngzi?

Tā xìng Zhāng, míngzi jiào Tàijùn.

Tā shì dàxuéshēng ma?

Bú shì, tā shì shàngbānzú.

Zài nǎr gōngzuò?

Zài yì jiā wàiqǐ gōngzuò.

## 3단계: 한자

他叫什么名字?

他姓张, 名字叫太骏。

他是大学生吗?

不是, 他是上班族。

在哪儿工作?

在一家外企工作。

## 단어

**名字** míngzi
이름

**大学生** dàxuéshēng
대학생

**上班族** shàngbānzú
회사원, 직장인

**哪儿** nǎr
어디

**工作** gōngzuò
일하다

**外企** wàiqǐ
외국 기업

# 你家有几口人?
가족은 어떻게 되세요?

### 1단계: 해석

집이 어디에요?

저희 집은 상하이 서쪽입니다.

가족은 어떻게 되세요?

저희 집은 여섯 식구입니다.

모두 누가 있나요?

할아버지, 할머니, 아빠, 엄마, 동생 그리고 저입니다.

### 2단계: 병음

Nǐ jiā zài nǎr?

Wǒ jiā zài Shànghǎi de xībiān.

Nǐ jiā yǒu jǐ kǒu rén?

Wǒ jiā yǒu liù kǒu rén.

Dōu yǒu shéi ne?

Yéye、nǎinai、bàba、māma、dìdi hé wǒ.

## 3단계: 한자

你家在哪儿?

我家在上海的西边。

你家有几口人?

我家有六口人。

都有谁呢?

爷爷、奶奶、爸爸、妈妈、弟弟和我。

## 단어

**西边** xībiān
서쪽

**口** kǒu
식구

**都** dōu
모두

**谁** shéi
누구, 누가

**爷爷** yéye
할아버지

**奶奶** nǎinai
할머니

# 有氧运动对身体很好
### 유산소 운동이 몸에 좋지

## 1단계: 해석

평소에 뭐 하는 거 좋아해?

나는 운동을 좋아하는 편이야.

어떤 운동을 좋아하는데?

나는 농구를 좋아해. 너는?

나는 달리기를 좋아해.

유산소 운동이 몸에 좋지.

## 2단계: 병음

Nǐ píngshí xǐhuan zuò shénme?

Wǒ bǐjiào xǐhuan yùndòng.

Xǐhuan shénme yùndòng ne?

Wǒ hěn xǐhuan dǎ lánqiú. Nǐ ne?

Wǒ hěn xǐhuan pǎobù.

Yǒuyǎng yùndòng duì shēntǐ hěn hǎo.

## 3단계: 한자

你平时喜欢做什么?

我比较喜欢运动。

喜欢什么运动呢?

我很喜欢打篮球。你呢?

我很喜欢跑步。

有氧运动对身体很好。

## 단어

**平时** píngshí
평소

**比较** bǐjiào
비교적

**打篮球** dǎ lánqiú
농구를 하다

**跑步** pǎobù
달리다

**有氧运动** yǒuyǎng yùndòng
유산소 운동

**对…好** duì…hǎo
~에 좋다

# 我怎么称呼你呢?
## 호칭을 어떻게 하면 될까요?

### 1단계: 해석

호칭을 어떻게 하면 될까요?

예의 차릴 필요 없어요,
샤오홍이라고 부르세요.

우리 친구 하면 어때요?

좋아요,
저도 당신과 친구가 되고 싶어요.

이 근처에 사시나요?

네, 막 이사 왔어요.

### 2단계: 병음

Wǒ zěnme chēnghu nǐ ne?

Nǐ tài kèqi le,
nǐ kěyǐ jiào wǒ Xiǎo Hóng.

Wǒmen zuò ge péngyou hǎo ma?

Hǎo a,
wǒ yě xiǎng hé nǐ zuò péngyou.

Nǐ zhù zài zhè fùjìn ma?

Shì ya, gānggāng bānlái.

## 3단계: 한자

我怎么称呼你呢?

---

你太客气了, 你可以叫我小洪。

---

我们做个朋友好吗?

---

好啊, 我也想和你做朋友。

---

你住在这附近吗?

---

是呀, 刚刚搬来。

## 단어

**称呼** chēnghu
~라고 부르다

**做朋友** zuò péngyou
친구가 되다

**住在** zhù zài
~에 머물다, ~에 살다

**附近** fùjìn
부근, 근처

**刚刚** gānggāng
막, 방금

**搬来** bānlái
이사를 오다

### 🔊 우리말을 보고 중국어로 말해 봅시다.

1. 외국 기업에서 일해.

2. 가족은 어떻게 되세요?

3. 유산소 운동이 몸에 좋지.

4. 호칭을 어떻게 하면 될까요?

### 🔊 병음과 한자를 보고 우리말로 말해 봅시다.

1. Zài yì jiā wàiqǐ gōngzuò. 在一家外企工作。

2. Nǐ jiā yǒu jǐ kǒu rén? 你家有几口人？

3. Yǒuyǎng yùndòng duì shēntǐ hěn hǎo. 有氧运动对身体很好。

4. Wǒ zěnme chēnghu nǐ ne? 我怎么称呼你呢？

# DAY 14

...

## 사람을 잘못 보신 것 같습니다

입이 트이는 중국어 ❹ DAY11~DAY15 요약 및 활용  학 습 범 위

# 看比听要强一点儿
## 보는 게 듣는 것보다 조금 나아요

### 1단계: 해석

제가 하는 말 알아들을 수 있나요?

조금은 알아들어요.

중국어로 된 신문은 알아볼 수 있나요?

보는 게 듣는 것보다 조금 나아요.

정말 대단한데요, 그럼 이건 무슨 뜻이에요?

제가 좀 볼게요.

### 2단계: 병음

Wǒ shuōhuà nǐ tīng de dǒng ma?

Néng tīngdǒng yìdiǎnr.

Zhōngwén bàozhǐ nǐ kàn de dǒng ma?

Kàn bǐ tīng yào qiáng yìdiǎnr.

Zhème lìhai a,
nà zhè shì shénme yìsi?

Ràng wǒ kànkan.

## 3단계: 한자

我说话你听得懂吗?

能听懂一点儿。

中文报纸你看得懂吗?

看比听要强一点儿。

这么厉害啊, 那这是什么意思?

让我看看。

## 단어

**听得懂** tīng de dǒng
알아들을 수 있다

**报纸** bàozhǐ
신문

**看得懂** kàn de dǒng
알아볼 수 있다, 이해하다

**强** qiáng
우월하다, 좋다

**厉害** lìhai
대단하다

**意思** yìsi
뜻, 의미

# 恐怕您认错人了
### 사람을 잘못 보신 것 같습니다

## 1단계: 해석 | 2단계: 병음

| 1단계: 해석 | 2단계: 병음 |
|---|---|
| 너 샤오리지? 오랜만이다! | Shì Xiǎo Lǐ ba? Hǎo jiǔ bú jiàn! |
| 사람을 잘못 보신 것 같습니다. | Kǒngpà nín rèncuò rén le. |
| 너 리밍 아니야? | Nǐ bú shì Lǐ Míng ma? |
| 아닙니다. | Wǒ bú shì. |
| 정말 죄송합니다. 제 옛 직장 동료인 줄 알았어요! | Bù hǎoyìsi a, wǒ yǐwéi shì wǒ de lǎo tóngshì ne! |
| 괜찮습니다. | Méi guānxi. |

MP3를 들으며 3번 반복하세요.  6-14-2.mp3

1회 ◯  2회 ◯  3회 ◯

## 3단계: 한자

是小李吧? 好久不见!

恐怕您认错人了。

你不是李明吗?

我不是。

不好意思啊,
我以为是我的老同事呢!

没关系。

## 단어

**恐怕** kǒngpà
아마~일 것이다

**认错** rèncuò
잘못 알다, 잘못 인식하다

**不好意思** bù hǎoyìsi
미안합니다

**以为** yǐwéi
여기다, 생각하다

**老同事** lǎo tóngshì
옛 동료

**没关系** méi guānxi
상관없다, 괜찮다

# 咱们一起看汉语教学视频吧
## 우리 같이 중국어 인강 보자

### 1단계: 해석

중국어 어렵지 않아?

하나도 어렵지 않아, 배우기 쉬워.

정말?

당연히 정말이지,
내가 널 왜 속이겠어!

그럼 나 중국어 배울래.

좋아,
우리 같이 중국어 인강 보자.

### 2단계: 병음

Hànyǔ nán bu nán?

Yìdiǎnr yě bù nán, hěn hǎo xué de.

Zhēn de ma?

Dāngrán le, wǒ piàn nǐ gàn shénme!

Nà wǒ yào xué Hànyǔ.

Hǎo a, zánmen yìqǐ kàn Hànyǔ jiàoxué shìpín ba.

## 3단계: 한자

汉语难不难?

―――

一点儿也不难, 很好学的。

―――

真的吗?

―――

当然了, 我骗你干什么!

―――

那我要学汉语。

―――

好啊,
咱们一起看汉语教学视频吧。

## 단어

**难** nán
어렵다

**一点儿也不** yìdiǎnr yě bù
조금도 ~하지 않다

**好学** hǎo xué
배우기 쉽다

**骗** piàn
속이다

**教学** jiàoxué
수업, 강의

**视频** shìpín
동영상

# 怎么能不知道?
어떻게 모를 수가 있나요?

**1단계: 해석**

그가 누구인지 알아요?

어떻게 모를 수가 있나요?
체조 선수잖아요.

엄청 유명하죠?

말할 필요가 있나요?
금메달을 두 개나 땄는데요.

와, 정말 대단한데요!

세계 랭킹 1위인 걸요!

**2단계: 병음**

Nǐ zhīdào tā shì shéi ma?

Zěnme néng bù zhīdào?
Tā shì tǐcāo yùndòngyuán a.

Tā hěn yǒumíng ma?

Nà hái yòng shuō? Tā céngjīng
déguo liǎng méi jīnpái.

Wā, zhēn lìhai a!

Tā kě shì shìjiè páimíng dì-yī ne!

## 3단계: 한자

你知道他是谁吗?

---

怎么能不知道?
他是体操运动员啊。

---

他很有名吗?

---

那还用说?
他曾经得过两枚金牌。

---

哇, 真厉害啊!

---

他可是世界排名第一呢!

## 단어

**体操运动员** tǐcāo yùndòngyuán
체조 선수

**有名** yǒumíng
유명하다

**曾经** céngjīng
일찍이

**得** dé
얻다, 받다

**金牌** jīnpái
금메달

**排名** páimíng
순위를 매기다

## 복습하기

🗣 우리말을 보고 중국어로 말해 봅시다.

1. 보는 게 듣는 것보다 조금 나아요.

2. 사람을 잘못 보신 것 같습니다.

3. 우리 같이 중국어 인강 보자.

4. 어떻게 모를 수가 있나요?

🗣 병음과 한자를 보고 우리말로 말해 봅시다.

1. Kàn bǐ tīng yào qiáng yìdiǎnr. 看比听要强一点儿。

2. Kǒngpà nín rèncuò rén le. 恐怕您认错人了。

3. Zánmen yìqǐ kàn Hànyǔ jiàoxué shìpín ba. 咱们一起看汉语教学视频吧。

4. Zěnme néng bù zhīdào? 怎么能不知道？

# DAY 15

## 오늘 저녁은 제가 살게요

**입이 트이는 중국어** ❺ DAY11~DAY15 요약 및 활용

# 不是特别爱吃
그렇게 즐겨 먹지는 않아요

## 1단계: 해석

중국요리 좋아하세요?

좋아하죠.

중국요리에 이미 익숙해지셨나 봐요?

그렇다고 할 수 있죠.

그럼 고수 드실 수 있어요?

먹기는 먹는데, 그렇게 즐겨 먹지는 않아요.

## 2단계: 병음

Nǐ ài chī zhōngguó cài ma?

Ài chī a.

Yǐjīng chī de guàn zhōngguócài le?

Kěyǐ zhème shuō ba.

Nà nǐ néng chī xiāngcài ma?

Chī shì néng chī, dàn bú shì tèbié ài chī.

## 3단계: 한자

你爱吃中国菜吗？

---

爱吃啊。

---

已经吃得惯中国菜了？

---

可以这么说吧。

---

那你能吃香菜吗？

---

吃是能吃，但不是特别爱吃。

## 단어

**爱** ài
좋아하다

**吃得惯** chī de guàn
먹는 데 익숙하다, 잘 먹는다

**香菜** xiāngcài
고수, 향채

**A是A** A shì A
A하긴 A한데

**但** dàn
그러나, 하지만

**特别** tèbié
특별히, 아주

# 今晚我来买单
## 오늘 저녁은 제가 살게요

**1단계: 해석**

오늘 저녁은 제가 살게요.

그럴 수가 있나요, 안 돼요.

사양하지 마세요,
오늘은 제가 살게요.

쓸데없이 돈을 쓰시게 만들었네요.

이게 뭐라고요, 별거 아닙니다.

그럼 약속해요,
다음엔 제가 살게요.

**2단계: 병음**

Jīnwǎn wǒ lái mǎidān.

Nà zěnme xíng, bù xíng.

Nǐ búyào kèqi, jīntiān wǒ lái.

Nà ràng nǐ pòfèi le.

Zhè suàn shénme, xiǎo yìsi.

Nà nǐ dāying wǒ, xià cì wǒ lái.

## 3단계: 한자

今晚我来买单。

---

那怎么行, 不行。

---

你不要客气, 今天我来。

---

那让你破费了。

---

这算什么, 小意思。

---

那你答应我, 下次我来。

## 단어

**买单** mǎidān
계산하다

**怎么行** zěnme xíng
어떻게 가능해

**让** ràng
~하게 하다, ~하도록 시키다

**破费** pòfèi
쓰다, 소비하다  〔돈·시간을〕

**算** suàn
치다, 간주하다

**答应** dāying
동의하다

# 帮我挑个甜的吧
### 단 걸로 하나 골라 주세요

## 1단계: 해석

어떤 과일로 드릴까요?

수박 주세요. 달아요?

당연히 달죠.
달지 않으면 돈 안 받아요.

얼마죠?

한 근에 3위안이요.

큰 걸로 살 건데,
단 걸로 하나 골라 주세요.

## 2단계: 병음

Nín yào shénme shuǐguǒ?

Wǒ yào xīguā, tián bu tián?

Dāngrán tián a, bù tián bú yào qián.

Zěnme mài a?

Sān kuài yì jīn.

Wǒ yào mǎi ge dà de,
bāng wǒ tiāo ge tián de ba.

## 3단계: 한자

您要什么水果?

---

我要西瓜, 甜不甜啊?

---

当然甜啊, 不甜不要钱。

---

怎么卖啊?

---

三块一斤。

---

我要买个大的,
帮我挑个甜的吧。

## 단어

**水果** shuǐguǒ
과일

**西瓜** xīguā
수박

**甜** tián
달다

**卖** mài
팔다

**斤** jīn
근

**挑** tiāo
고르다

# 这件衣服号有点大
## 이 옷은 사이즈가 좀 크게 나왔어요

### 1단계: 해석

신상 들어왔어요. 들어와서 보세요.

편하게 둘러보세요.
마음에 드시면 입어 보셔도 됩니다.

이거 L사이즈로 찾아 주세요.

네, 잠시만 기다려 주세요.

이 옷은 사이즈가 좀 크게 나왔어요.
M사이즈 입으시면 돼요, 여기요.

딱 맞네요.

### 2단계: 병음

Yǒu xīnpǐn dào diàn,
jìnlái kàn yíxià ba.

Suíbiàn kàn, xǐhuan kěyǐ shìchuān.

Zhège bāng wǒ zhǎo yí jiàn
L hào de.

Hǎo, nín shāo děng yíxià.

Zhè jiàn yīfu hào yǒudiǎn dà,
nín chuān M hào jiù xíng, gěi nín.

Dàxiǎo zhènghǎo.

MP3를 들으며 3번 반복하세요. 6-15-4.mp3

1회 ○  2회 ○  3회 ○

## 3단계: 한자

有新品到店，进来看一下吧。

随便看，喜欢可以试穿。

这个帮我找一件L号的。

好，您稍等一下。

这件衣服号有点大，您穿M号就行，给您。

大小正好。

## 단어

**新品** xīnpǐn
신상품

**随便** suíbiàn
마음대로

**试穿** shìchuān
입어 보다

**号** hào
사이즈

**大小** dàxiǎo
크기

**正好** zhènghǎo
딱 맞다

## 복습하기

🗣️ 우리말을 보고 중국어로 말해 봅시다.

1. 그렇게 즐겨 먹지는 않아요.

2. 오늘 저녁은 제가 살게요.

3. 단 걸로 하나 골라 주세요.

4. 이 옷은 사이즈가 좀 크게 나왔어요.

🗣️ 병음과 한자를 보고 우리말로 말해 봅시다.

1. Bú shì tèbié ài chī. 不是特别爱吃。

2. Jīnwǎn wǒ lái mǎidān. 今晚我来买单。

3. Bāng wǒ tiāo ge tián de ba. 帮我挑个甜的吧。

4. Zhè jiàn yīfu hào yǒudiǎn dà. 这件衣服号有点大。

# DAY 16

## 일요일에는 계속 재방송만 해요

입이 트이는 중국어 ❶ DAY16~DAY20 요약 및 활용

학습범위

# 看来要下雨了
곧 비가 올 것 같아요

## 1단계: 해석

날이 갑자기 흐려졌어요.
곧 비가 올 것 같은데요.

우리 얼른 집에 가요. 우산 있어요?

안 가져 왔어요.
당신도 우산 없어요?

저도 없어요. 어떡하죠?

괜찮아요. 제가 차가 있으니까
집 앞까지 데려다드릴게요.

진작 말씀해 주시지!

## 2단계: 병음

Tiān tūrán biàn yīn le,
kànlái yào xià yǔ le.

Zánmen kuài huí jiā ba.
Nǐ yǒu sǎn ma?

Wǒ méi dài. Nǐ yě méiyǒu sǎn ma?

Wǒ yě méiyǒu. Zěnme bàn a?

Méishìr, wǒ yǒu chē,
wǒ sòng nǐ dào nǐ jiā ménkǒu.

Nǐ zěnme bù zǎo shuō ya!

## 3단계: 한자

天突然变阴了, 看来要下雨了。

---

咱们快回家吧。你有伞吗?

---

我没带。你也没有伞吗?

---

我也没有。怎么办啊?

---

没事儿, 我有车,
我送你到你家门口。

---

你怎么不早说呀!

## 단어

**突然** tūrán
갑자기

**变阴** biàn yīn
흐려지다

**快** kuài
빨리, 급히

**伞** sǎn
우산

**带** dài
휴대하다

**送** sòng
데려다주다

# 不会堵车吧?
### 차가 막히지는 않겠죠?

| 1단계: 해석 | 2단계: 병음 |
|---|---|
| 기사님, 공항이요. | Shīfu, qù jīchǎng. |
| 어떻게 갈까요? | Zěnme zǒu? |
| 빠른 길로 가 주세요. | Zěnme kuài zěnme zǒu. |
| 이 시간에는 4환으로 가서, 공항 고속도로를 타는 게 좋아요. | Zhège shíjiān zǒu Sìhuán, shàng jīchǎng gāosù hǎo. |
| 좋아요, 차가 막히지는 않겠죠? | Hǎo de, bú huì dǔchē ba? |
| 아마도요, 안전벨트를 매 주세요. | Yīnggāi bú huì, qǐng jìhǎo ānquándài. |

## 3단계: 한자

师傅, 去机场。

---

怎么走?

---

怎么快怎么走。

---

这个时间走四环,
上机场高速好。

---

好的, 不会堵车吧?

---

应该不会, 请系好安全带。

## 단어

**机场** jīchǎng
공항

**上** shàng
오르다

**四环** Sìhuán
4환, 제4 순환도로

**机场高速** jīchǎng gāosù
공항 고속도로

**系** jì
매다, 묶다

**安全带** ānquándài
안전벨트

# 他是最近很红的明星
### 그는 요즘 뜨는 인기 스타야

## 1단계: 해석

한국 드라마 좋아해?

아주 좋아해.

그는 정말 멋져.

요즘 뜨는 인기 스타잖아.

오늘부터 그는 나의 우상이야.

나도 그를 좋아해.

## 2단계: 병음

Nǐ xǐhuan kàn hánjù ma?

Wǒ fēicháng xǐhuan kàn.

Tā hǎo kù o.

Tā shì zuìjìn hěn hóng de míngxīng.

Cóng jīntiān kāishǐ,
tā shì wǒ de ǒuxiàng.

Wǒ yě hěn chóngbài tā.

## 3단계: 한자

你喜欢看韩剧吗?

---

我非常喜欢看。

---

他好酷哦。

---

他是最近很红的明星。

---

从今天开始, 他是我的偶像。

---

我也很崇拜他。

## 단어

**韩剧** hánjù
한국 드라마

**酷** kù
쿨하다

**红** hóng
인기가 있다

**明星** míngxīng
스타

**偶像** ǒuxiàng
우상

**崇拜** chóngbài
숭배하다, 좋아하다

# 星期天一直在重播

일요일에는 계속 재방송만 해요

## 1단계: 해석

정말 지루하다. TV도 재미없고.

응, 일요일에는 계속 재방송만 하잖아.

재미있는 거 없을까?

우리 나가자.

좋아, 어차피 집에 있어 봤자 재미도 없으니까.

그럼 우리 교외로 나가서 놀자.

## 2단계: 병음

Hǎo wúliáo a, diànshì yě méi yìsi.

Shì a, xīngqītiān yìzhí zài chóngbō.

Yǒu méiyǒu shénme hǎowánr de?

Zánmen chūqù ba.

Hǎo a, fǎnzhèng zài jiā yě méi yìsi.

Nà zánmen qù jiāowài wánrwanr ba.

MP3를 들으며 3번 반복하세요.  6-16-4.mp3

1회 ○  2회 ○  3회 ○

## 3단계: 한자

好无聊啊, 电视也没意思。

是啊, 星期天一直在重播。

有没有什么好玩儿的?

咱们出去吧。

好啊, 反正在家也没意思。

那咱们去郊外玩儿玩儿吧。

## 단어

**无聊** wúliáo
무료하다

**重播** chóngbō
재방송하다

**好玩儿** hǎowánr
재미있다

**反正** fǎnzhèng
아무튼

**郊外** jiāowài
교외

**玩儿** wánr
놀다

### 🗣️ 우리말을 보고 중국어로 말해 봅시다.

1. 곧 비가 올 것 같아요.

2. 차가 막히지는 않겠죠?

3. 그는 요즘 뜨는 인기 스타야.

4. 일요일에는 계속 재방송만 해요.

### 🗣️ 병음과 한자를 보고 우리말로 말해 봅시다.

1. Kànlái yào xià yǔ le. 看来要下雨了。

2. Bú huì dǔchē ba? 不会堵车吧?

3. Tā shì zuìjìn hěn hóng de míngxīng. 他是最近很红的明星。

4. Xīngqītiān yìzhí zài chóngbō. 星期天一直在重播。

# DAY 17

## 추석 잘 보내!

입이 트이는 중국어 ❷ DAY16~DAY20 요약 및 활용

# 你在家是老大吗?
### 네가 집에서 첫째야?

### 1단계: 해석

네가 집에서 첫째야?

아니, 나는 둘째야.

형제자매가 몇 명인데?

형이랑 여동생이 있어.

와, 삼 남매라니, 정말 부럽다.

너는 외동이야?

### 2단계: 병음

Nǐ zài jiā shì lǎodà ma?

Bú shì, wǒ shì lǎo'èr.

Nǐ yǒu jǐ ge xiōngdì jiěmèi?

Wǒ yǒu yí ge gēge hé yí ge mèimei.

Wā, sān xiōngmèi, zhēn xiànmù nǐ.

Nǐ shì dúshēngzǐ ma?

## 3단계: 한자

你在家是老大吗?

不是, 我是老二。

你有几个兄弟姐妹?

我有一个哥哥和一个妹妹。

哇, 三兄妹, 真羡慕你。

你是独生子吗?

## 단어

**老大** lǎodà
맏이

**老二** lǎo'èr
둘째

**兄弟姐妹** xiōngdì jiěmèi
형제자매

**妹妹** mèimei
여동생

**羡慕** xiànmù
부러워하다

**独生子** dúshēngzǐ
독자, 외아들

# 中秋节快乐!
추석 잘 보내!

### 1단계: 해석

추석 잘 보내!

월병 먹었어?

아직 못 먹었어.

잘됐다, 내가 월병 갖고 왔어.

저녁에 뭐 할까?

오늘 저녁에 우리 같이 달구경 가자.

### 2단계: 병음

Zhōngqiū jié kuàilè!

Nǐ chī yuèbǐng le ma?

Hái méi chī.

Zhènghǎo, wǒ gěi nǐ dàile yuèbǐng.

Wǎnshang gàn diǎnr shénme ne?

Jīnwǎn zánmen yìqǐ shǎngyuè ba!

## 3단계: 한자

中秋节快乐!

---

你吃月饼了吗?

---

还没吃。

---

正好, 我给你带了月饼。

---

晚上干点儿什么呢?

---

今晚咱们一起赏月吧!

## 단어

**中秋节** Zhōngqiū jié
추석, 중추절

**月饼** yuèbǐng
월병
중추절에 중국인들이 즐겨 먹는 중국 전통 과자

**还没** hái méi
아직 ~하지 않고 있다

**正好** zhènghǎo
마침

**一起** yìqǐ
함께, 같이

**赏月** shǎngyuè
달구경하다

# 你们在干什么呢?
### 너희들 뭐 하고 있니?

### 1단계: 해석

너희들 뭐 하고 있니?

어서 오세요. 마침 잘 오셨어요.

무슨 일이야?
날 이렇게 친절하게 맞아 주고.

지금 막 마작을 하려고 하는데,
세 명이어서 한 명이 더 필요해요.

돈 걸고 해?

돈은 걸지 않아요.

### 2단계: 병음

Nǐmen zài gàn shénme ne?

Huānyíng huānyíng,
nǐ lái de zhènghǎo.

Yǒu shì ma? Duì wǒ zhème rèqíng.

Wǒmen zhèng xiǎng dǎ májiàng ne,
sān quē yī.

Wán qián de ma?

Bù wán qián.

### 3단계: 한자

你们在干什么呢?

---

欢迎欢迎，你来得正好。

---

有事吗? 对我这么热情。

---

我们正想打麻将呢，三缺一。

---

玩钱的吗?

---

不玩钱。

### 단어

**欢迎** huānyíng
환영하다

**热情** rèqíng
친절하다

**正** zhèng
마침

**打麻将** dǎ májiàng
마작을 하다

**缺** quē
부족하다, 결핍되다

**玩钱** wán qián
돈을 걸다

# 你猜猜看这是什么?
이게 뭔지 알아맞혀 보실래요?

## 1단계: 해석

이거 저한테 주는 선물이에요?

맞아요, 뭔지 알아맞혀 보실래요?

이게 뭐죠? 못 맞히겠는데요.

아마 못 맞히실 거예요,
생각지도 못한 선물이니까요.

그래요?
그럼 지금 열어 봐도 되나요?

잠깐만요,
먼저 소원 빌고 촛불을 꺼야죠.

## 2단계: 병음

Zhè shì gěi wǒ de lǐwù ma?

Duì a, nǐ cāicai kàn zhè shì shénme?

Zhè shì shénme ne?
Wǒ cāi bu chūlái.

Nǐ kěndìng cāi bu chūlái,
zhè kěshì yìwài jīngxǐ.

Shì ma? Nà wǒ xiànzài kěyǐ dǎkāi kànkan ma?

Děngdeng, xiān xǔyuàn, chuī làzhú.

MP3를 들으며 3번 반복하세요.  6-17-4.mp3

1회 ◯  2회 ◯  3회 ◯

## 3단계: 한자

这是给我的礼物吗?

对啊, 你猜猜看这是什么?

这是什么呢? 我猜不出来。

你肯定猜不出来,
这可是意外惊喜。

是吗?
那我现在可以打开看看吗?

等等, 先许愿, 吹蜡烛。

## 단어

**礼物** lǐwù
선물

**猜** cāi
추측하다

**惊喜** jīngxǐ
놀라게 하다

**打开** dǎkāi
열다

**许愿** xǔyuàn
소원을 빌다

**吹蜡烛** chuī làzhú
초를 불어 끄다

## 우리말을 보고 중국어로 말해 봅시다.

1. 네가 집에서 첫째야?

2. 추석 잘 보내!

3. 너희들 뭐 하고 있니?

4. 이게 뭔지 알아맞혀 보실래요?

## 병음과 한자를 보고 우리말로 말해 봅시다.

1. Nǐ zài jiā shì lǎodà ma? 你在家是老大吗?

2. Zhōngqiū jié kuàilè! 中秋节快乐!

3. Nǐmen zài gàn shénme ne? 你们在干什么呢?

4. Nǐ cāicai kàn zhè shì shénme? 你猜猜看这是什么?

# DAY 18

## 난 걔한테 불만이 많아

입이 트이는 중국어 ❸ DAY16~DAY20 요약 및 활용  학습범위

# 那就这么决定吧
### 그럼 이렇게 결정하겠습니다

---

**1단계: 해석**

다른 의견 없나요?

저는 의견 있는데요.

이제 모두 동의하시나요?

다른 의견은 없으시죠?

그럼 이렇게 결정하겠습니다.

네, 박수.

**2단계: 병음**

Yǒu méiyǒu bié de yìjiàn?

Wǒ yǒu yìjiàn.

Xiànzài dàjiā dōu tóngyì ma?

Méiyǒu bié de yìjiàn ba?

Nà jiù zhème juédìng ba.

Hǎo, gǔzhǎng.

## 3단계: 한자

有没有别的意见?

---

我有意见。

---

现在大家都同意吗?

---

没有别的意见吧?

---

那就这么决定吧。

---

好, 鼓掌。

## 단어

**别的** bié de
다른 것

**意见** yìjiàn
의견

**同意** tóngyì
동의하다

**这么** zhème
이렇게

**决定** juédìng
결정하다

**鼓掌** gǔzhǎng
박수하다

# 我对他很不满意
난 걔한테 불만이 많아

## 1단계: 해석

네 표정을 보아하니, 아주 못마땅한가 보다?

맞아, 정말 마음에 안 들어.

왜?

걔는 내 의견을 듣질 않아.

너도 좀 이해해 줘야지.

아무튼 난 걔한테 불만이 많아.

## 2단계: 병음

Kàn nǐ de biǎoqíng, hǎoxiàng bú tài mǎnyì?

Duì, wǒ hěn bù mǎnyì.

Wèi shénme ya?

Tā bù tīng wǒ de jiànyì.

Nǐ yě yào lǐjiě lǐjiě tā ma.

Fǎnzhèng wǒ duì tā hěn bù mǎnyì.

## 3단계: 한자

看你的表情, 好像不太满意?

对, 我很不满意。

为什么呀?

他不听我的建议。

你也要理解理解他嘛。

反正我对他很不满意。

## 단어

**表情** biǎoqíng
표정

**好像** hǎoxiàng
마치 ~과 같다

**满意** mǎnyì
만족하다

**建议** jiànyì
제안, 제의

**理解** lǐjiě
이해하다

**反正** fǎnzhèng
아무튼

# 有什么好羡慕的?
부러워할 게 뭐가 있나요?

## 1단계: 해석

저는 학우 여러분이 부러워요.

선생님, 뭐가 부러우세요?

여러분은 다 젊잖아요.

그런데 저희야말로
선생님이 부러운 걸요.

저를 부러워할 게 뭐가 있나요?

다음 주에 시험인데,
선생님은 시험 안 보셔도 되잖아요.

## 2단계: 병음

Wǒ hǎo xiànmù tóngxuémen.

Lǎoshī, nín xiànmù shénme?

Nǐmen dōu hěn niánqīng.

Dàn wǒmen cái xiànmù nín ne.

Wǒ yǒu shénme hǎo xiànmù de?

Xià xīngqī kǎoshì,
nín búyòng cānjiā a.

## 3단계: 한자

我好羡慕同学们。

老师, 您羡慕什么?

你们都很年轻。

但我们才羡慕您呢。

我有什么好羡慕的?

下星期考试, 您不用参加啊。

## 단어

**羡慕** xiànmù
부러워하다

**同学** tóngxué
학우, 동급생

**年轻** niánqīng
젊다

**考试** kǎoshì
시험을 치다

**不用** búyòng
~할 필요가 없다

**参加** cānjiā
참가하다, 참여하다

# 你真了不起
### 너 정말 대단하다

### 1단계: 해석

너 정말 대단하다.

아니야, 별거 아닌데.

넌 너무 겸손해,
네가 제일 잘하는데.

과찬이야.

지나친 겸손은 오만이기도 해.

그래? 그럼 칭찬해 줘서 고맙다고
해야겠네.

### 2단계: 병음

Nǐ zhēn liǎobuqǐ.

Nǎlǐ nǎlǐ, zhè méi shénme.

Nǐ tài qiānxū le, nǐ zuò de zuì hǎo.

Guòjiǎng guòjiǎng.

Guòfèn qiānxū yě shì yì zhǒng jiāo'ào.

Shì ma?
Nà wǒ gāi shuō xièxie kuājiǎng le.

### 3단계: 한자

你真了不起。

---

哪里哪里,这没什么。

---

你太谦虚了,你做得最好。

---

过奖过奖。

---

过分谦虚也是一种骄傲。

---

是吗? 那我该说谢谢夸奖了。

### 단어

**了不起** liǎobuqǐ
대단하다, 굉장하다

**没什么** méi shénme
아무것도 아니다, 괜찮다

**谦虚** qiānxū
겸손하다

**过奖** guòjiǎng
과찬이다

**骄傲** jiāo'ào
오만하다, 거만하다

**夸奖** kuājiǎng
칭찬하다

## 복습하기

🔊 **우리말을 보고 중국어로 말해 봅시다.**

1. 그럼 이렇게 결정하겠습니다.

2. 난 걔한테 불만이 많아.

3. 부러워할 게 뭐가 있나요?

4. 너 정말 대단하다.

🔊 **병음과 한자를 보고 우리말로 말해 봅시다.**

1. Nà jiù zhème juédìng ba. 那就这么决定吧。

2. Wǒ duì tā hěn bù mǎnyì. 我对他很不满意。

3. Yǒu shénme hǎo xiànmù de? 有什么好羡慕的?

4. Nǐ zhēn liǎobuqǐ. 你真了不起。

# DAY 19

## 리모컨 드릴게요

**입이 트이는 중국어 ❹** DAY16~DAY20 요약 및 활용

# 今天晚上的比赛一定精彩
### 오늘 저녁 경기 분명히 재밌을 거야

**1단계: 해석**

오늘 저녁 경기 분명히 재밌을 거야.

어느 팀 대 어느 팀인데?

브라질 대 독일.

누가 이길 거 같아?

정말 말하기 힘들지만,
내 생각에는 브라질이 이길 거 같아.

내가 보기엔 독일이 이길 거 같은데,
우리 내기할래?

**2단계: 병음**

Jīntiān wǎnshang de bǐsài
yídìng jīngcǎi.

Nǎge duì duì nǎge duì?

Bāxī duì Déguó.

Nǐ shuō shéi huì yíng?

Zhēn bù hǎoshuō,
wǒ juéde Bāxī duì huì yíng.

Wǒ kàn Déguó duì huì yíng,
zánmen yàobuyào dǎdǔ?

MP3를 들으며 3번 반복하세요.  6-19-1.mp3

1회 ○   2회 ○   3회 ○

## 3단계: 한자

今天晚上的比赛一定精彩。

哪个队对哪个队?

巴西对德国。

你说谁会赢?

真不好说,
我觉得巴西队会赢。

我看德国队会赢,
咱们要不要打赌?

## 단어

**比赛** bǐsài
시합, 경기

**精彩** jīngcǎi
훌륭하다, 뛰어나다

**队** duì
팀, 단체

**对** duì
대, vs

**赢** yíng
이기다

**打赌** dǎdǔ
내기를 하다

# 遥控器给你
리모컨 줄게요

## 1단계: 해석

이 프로그램 재미있는 거 같아요?

재미없어요?

정말 재미없어요.

저는 재밌다고 생각해요, 볼만한데요.

우리 다른 거 보면 안 될까요?

좋아요, 리모컨 줄게요.

## 2단계: 병음

Zhège jiémù nǐ juéde hǎowánr ma?

Méi yìsi ma?

Zhēn méijìnr.

Wǒ juéde hěn yǒu yìsi, tǐng hǎokàn de.

Wǒmen néng bu néng kàn bié de?

Hǎo ba, yáokòngqì gěi nǐ.

## 3단계: 한자

这个节目你觉得好玩儿吗?

没意思吗?

真没劲儿。

我觉得很有意思,挺好看的。

我们能不能看别的?

好吧,遥控器给你。

## 단어

**节目** jiémù
프로그램

**没劲儿** méijìnr
시시하다, 재미없다

**挺** tǐng
꽤, 매우, 아주

**别的** bié de
다른 것

**遥控器** yáokòngqì
리모컨

**给** gěi
주다

# 有什么不好意思的
### 미안할 게 뭐가 있어

| 1단계: 해석 | 2단계: 병음 |
|---|---|
| 이거 너한테 주는 거야, 받아. | Zhè shì sòng nǐ de, shōuxià ba. |
| 내 작은 성의야. | Shì wǒ de yìdiǎnr xiǎo yìsi. |
| 뭘 이런 걸 다, 이러면 너무 미안해지잖아! | Nǐ tài kèqi le, zhè duō bù hǎoyìsi a! |
| 미안할 게 뭐가 있어, 얼른 받아. | Yǒu shénme bù hǎoyìsi de, kuài shōuxià ba. |
| 마음만 받을게. | Nǐ de xīnyì wǒ lǐng le. |
| 선물은 받을 수가 없어. | Lǐwù wǒ bù néng shōu. |

## 3단계: 한자

这是送你的，收下吧。

是我的一点儿小意思。

你太客气了，这多不好意思啊！

有什么不好意思的，
快收下吧。

你的心意我领了。

礼物我不能收。

## 단어

**收下** shōuxià
받다, 받아 두다

**小意思** xiǎo yìsi
작은 성의

**不好意思** bù hǎoyìsi
부끄럽다, 미안하다

**心意** xīnyì
마음, 성의

**领** lǐng
받다

**礼物** lǐwù
선물

# 你瘦了好多啊!
### 살이 많이 빠지셨네요!

| 1단계: 해석 | 2단계: 병음 |
|---|---|
| 와, 살이 많이 빠지셨네요! | Wā, nǐ shòule hǎo duō a! |
| 저 벌써 며칠이나 굶었어요. | Wǒ yǐjīng èle hǎo jǐ tiān le. |
| 굶어서 다이어트하는 거예요? | Nǐ zhè shì è dùzi jiǎnféi ma? |
| 네, 살을 빼려면 음식을 조절해야죠. | Duì a, xiǎng jiǎnféi bìxū jiéshí. |
| 이러면 요요현상 생기지 않아요? | Zhèyàng bú huì fǎntán ma? |
| 아마도요. 그래서 운동을 같이 병행해야죠. | Kěnéng huì, suǒyǐ tóngshí hái yào zuò yùndòng. |

## 3단계: 한자

哇, 你瘦了好多啊!

我已经饿了好几天了。

你这是饿肚子减肥吗?

对啊, 想减肥必须节食。

这样不会反弹吗?

可能会, 所以同时还要做运动。

## 단어

**瘦** shòu
마르다, 여위다

**饿** è
굶주리다, 배고프다

**减肥** jiǎnféi
다이어트하다, 살을 빼다

**节食** jiéshí
음식을 줄이다

**反弹** fǎntán
요요현상

**同时** tóngshí
동시에

### 🔊 우리말을 보고 중국어로 말해 봅시다.

1. 오늘 저녁 경기 분명히 재밌을 거야.

2. 리모컨 줄게요.

3. 미안할 게 뭐가 있어.

4. 살이 많이 빠지셨네요!

### 🔊 병음과 한자를 보고 우리말로 말해 봅시다.

1. Jīntiān wǎnshang de bǐsài yídìng jīngcǎi. 今天晚上的比赛一定精彩。

2. Yáokòngqì gěi nǐ. 遥控器给你。

3. Yǒu shénme bù hǎoyìsi de. 有什么不好意思的。

4. Nǐ shòule hǎo duō a! 你瘦了好多啊!

# DAY 20

우리 샤브샤브
먹으러 나가요

입이 트이는 중국어 ❺ DAY16~DAY20 요약 및 활용

# 冬天做什么运动比较好?
겨울엔 어떤 운동을 하는 게 좋을까?

## 1단계: 해석

겨울엔 어떤 운동을 하는 게 좋을까?

스키지, 우리 스키 타러 가자.

나 스키를 타 본 적이 없는데.

괜찮아, 아주 쉬워.

나 가르쳐 줄 수 있어?

당연하지, 내가 확실히 가르쳐 줄게.

## 2단계: 병음

Dōngtiān zuò shénme yùndòng bǐjiào hǎo?

Huáxuě a, zánmen qù huáxuě ba.

Wǒ cónglái méi huáguo xuě.

Méi guānxi, hěn jiǎndān de.

Nǐ kěyǐ jiāo wǒ ma?

Dāngrán le, wǒ bǎozhèng jiāohuì nǐ.

MP3를 들으며 3번 반복하세요. 6-20-1.mp3

1회 ○  2회 ○  3회 ○

## 3단계: 한자

冬天做什么运动比较好?

---

滑雪啊, 咱们去滑雪吧。

---

我从来没滑过雪。

---

没关系, 很简单的。

---

你可以教我吗?

---

当然了, 我保证教会你。

## 단어

**冬天** dōngtiān
겨울

**滑雪** huáxuě
스키를 타다

**从来** cónglái
이제까지

**简单** jiǎndān
간단하다, 단순하다

**教** jiāo
가르치다

**保证** bǎozhèng
보증하다, 확실히 책임지다

# 我们出去吃火锅吧
## 우리 샤브샤브 먹으러 가요

### 1단계: 해석

날이 이렇게 추운데,
우리 샤브샤브 먹으러 가요.

좋아요, 양고기 좋아하세요?

좋아해요, 샤브샤브도 좋고,
양꼬치도 좋아해요.

정말요? 뜻밖인데요.

양꼬치 먹고, 중국 고량주 마시고,
그야말로 환상이죠.

진짜 먹을 줄 아시네요,
우리 얼른 가요.

### 2단계: 병음

Tiānr zhème lěng,
wǒmen chūqù chī huǒguō ba.

Hǎo a, nǐ ài chī yángròu ma?

Ài chī, shuàn de ài chī,
hái xǐhuan chī yángròuchuàn.

Zhēn de? Zhēn méi xiǎngdào a.

Chī yángròuchuàn, hē Zhōngguó
báijiǔ, nà shì juépèi a.

Nǐ kě zhēn huì chī a,
zánmen kuài zǒu ba.

## 3단계: 한자

天儿这么冷,
我们出去吃火锅吧。

---

好啊, 你爱吃羊肉吗?

---

爱吃, 涮的爱吃,
还喜欢吃羊肉串。

---

真的? 真没想到啊。

---

吃羊肉串, 喝中国白酒,
那是绝配啊。

---

你可真会吃啊, 咱们快走吧。

## 단어

**天儿** tiānr
날씨

**羊肉** yángròu
양고기

**涮** shuàn
데치다, 토렴하다

**没想到** méi xiǎngdào
생각하지 못하다, 뜻밖에도

**白酒** báijiǔ
고량주, 바이주

**绝配** juépèi
제격이다

# 有什么吃的吗?
먹을 거 있어?

## 1단계: 해석

먹을 거 있어?

왜, 배고파?

응, 오늘 바쁘게 일하느라 점심도 못 먹었네.

그래? 내가 바로 맛있는 거 해 줄게.

고마워, 근데 나 못 기다리겠어, 배고파 죽겠거든.

그럼 이거라도 먹으면서 배 좀 채우고 있어.

## 2단계: 병음

Yǒu shénme chī de ma?

Zěnme, nǐ è le?

Ǹg, jīntiān máng zuòshì, wǔfàn yě méi chī.

Shì ma? Wǒ mǎshàng gěi nǐ zuò diǎn hàochī de.

Xièxie a, dàn wǒ děngbují, kuài èsǐ le.

Nà nǐ xiān chī diǎnr zhège, tiántian dùzi.

## 3단계: 한자

有什么吃的吗?

---

怎么, 你饿了?

---

嗯, 今天忙做事, 午饭也没吃。

---

是吗?
我马上给你做点好吃的。

---

谢谢啊, 但我等不及,
快饿死了。

---

那你先吃点儿这个, 填填肚子。

## 단어

**饿** è
배고프다

**忙** máng
바쁘다

**午饭** wǔfàn
점심

**等不及** děngbují
기다릴 수 없다

**饿死** èsǐ
굶어 죽다

**填** tián
채우다, 보충하다

# 我们一起许个愿吧
## 우리 같이 소원 빌어요

**1단계: 해석**

새해 복 많이 받으세요!

새해 복 많이 받으세요!

새해인데, 우리 같이 소원 빌어요.

저는 우리 가족이 모두 건강하고 행복하길 바라요.

올해 저는 담배를 꼭 끊으려고요.

성공하길 바라요.

**2단계: 병음**

Xīnnián hǎo!

Xīnnián kuàilè!

Xīnnián le,
wǒmen yìqǐ xǔ ge yuàn ba.

Wǒ xīwàng wǒmen quánjiā jiànkāng kuàilè.

Jīnnián wǒ yídìng yào jièyān.

Xīwàng nǐ chénggōng.

## 3단계: 한자

新年好!

新年快乐!

新年了, 我们一起许个愿吧。

我希望我们全家健康快乐。

今年我一定要戒烟。

希望你成功。

## 단어

**新年** xīnnián
새해, 신년

**一起** yìqǐ
함께, 같이

**许愿** xǔyuàn
소원을 빌다

**希望** xīwàng
바라다

**戒烟** jièyān
담배를 끊다

**成功** chénggōng
성공하다, 이루다

🔊 우리말을 보고 중국어로 말해 봅시다.

1. 겨울엔 어떤 운동을 하는 게 좋을까?

2. 우리 샤브샤브 먹으러 가요.

3. 먹을 거 있어?

4. 우리 같이 소원 빌어요.

🔊 병음과 한자를 보고 우리말로 말해 봅시다.

1. Dōngtiān zuò shénme yùndòng bǐjiào hǎo? 冬天做什么运动比较好?

2. Wǒmen chūqù chī huǒguō ba. 我们出去吃火锅吧。

3. Yǒu shénme chī de ma? 有什么吃的吗?

4. Wǒmen yìqǐ xǔ ge yuàn ba. 我们一起许个愿吧。

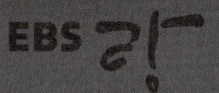

### 홍상욱 프로필

- 수원과학대학교 관광비즈니스과 조교수
- EBS 라디오 〈중급 중국어〉 집필 및 진행
- TBS 〈별난 중국어〉 진행
- YTN RADIO 〈신인류 문화기행, 중국〉 진행
- 저서 『나는 50문장으로 중국출장 간다』, 『나는 50문장으로 중국무역 한다』, 『신속배달 중국어』 등 다수

## 입이 트이는 중국어 ⑥

ⓒ EBS, 차이나하우스 2017

2017년 6월 20일 초판 인쇄
2017년 6월 25일 초판 발행

기　획 | 류남이 · 차공근 · 이정은
지은이 | 홍상욱
펴낸이 | 안우리
펴낸곳 | 차이나하우스

편　집 | 신효정
디자인 | 이주현 · 강명희
등　록 | 제 303-2006-00026호
주　소 | 서울시 영등포구 영등포동 8가 56-2
전　화 | 02-2636-6271　팩　스 | 0505-300-6271
이메일 | chinanstory@naver.com
ISBN | 979-11-85882-34-5 13720

값: 8,800원

이 책은 저작권법에 따라 보호받는 저작물이므로 무단전재와 무단복제를 금지하며 이 책의 내용물 전부 또는 일부를 이용하려면 반드시 저작권자인 EBS와 차이나하우스의 서면 동의를 받아야 합니다. 잘못 만들어진 책은 구입한 곳에서 바꿔드립니다.